GÜTERSLOHER
VERLAGSHAUS

Rita Kusch

Neue IDEENBÖRSE FÜR DIE SENIORENARBEIT

Impulse, Materialien und Gesprächsanstöße

Gütersloher Verlagshaus

Bibliografische Information der Deutschen Nationalbibliothek

Die Deutsche Nationalbibliothek verzeichnet diese Publikation in der Deutschen Nationalbibliografie; detaillierte bibliografische Daten sind im Internet über https://portal.dnb.de abrufbar.

FSC
www.fsc.org
MIX
Papier aus verantwortungsvollen Quellen
FSC® C005833

Verlagsgruppe Random House FSC-DEU-0100
Das für dieses Buch verwendete FSC-zertifizierte Papier *Munken Premium Cream* liefert Arctic Paper Munkedals AB, Schweden.

1. Auflage

Umschlagfotos (von links nach rechts): © JGI/Jamie Grill/Blend Images/Corbis, © KidStock/Blend Images/Corbis, © Ocean/Corbis, © Monalyn Gracia/Corbis
Fotos Umschlagseite 4: Magnus Schwarze
Fotos innen: S. 114: Rita Kusch; S. 22, 48, 71, 73, 76, 81, 92, 99, 102, 122, 144, 159, 167, 169: Magnus Schwarze; S. 32, 47, 54, 113, 175: Gabriele Schneider; S. 67: © m_i_z – Fotolia.com; S. 72: © M. Schuppich – Fotolia.com
Satz: Satz!zeichen, Landesbergen
Druck und Einband: Těšínská tiskárna, a.s., Český Těšín
Printed in Czech Republic
ISBN 978-3-579-06185-6

www.gtvh.de

INHALTSVERZEICHNIS

Vorwort

Die neue Ideenbörse für die Seniorenarbeit begleitet Sie und Ihre Gruppe einmal durch das Jahr. Jedem Monat wird ein thematischer Vorschlag zugeordnet. Manche der Zuordnungen passen nur in diesen Monat, weil sie sich an der Jahreszeit oder bestimmten Ereignissen orientieren. Andere lassen sich auch gut an anderer Stelle einsetzen. Orientieren Sie sich an den Interessen Ihrer Zielgruppe und an Ihren eigenen Interessen.

PARTIZIPATION

Ich habe es mir mit den Ideen, die in dem Buch beschrieben sind, zum Ziel gesetzt, die älteren Menschen immer wieder stark in das Geschehen einzubeziehen und sie teilhaben zu lassen an der Thematik, dem Austausch und der Gestaltung. Ich will also weg von einem unterhaltenden Charakter der Seniorenarbeit hin zum Erfahrungsaustausch, zur Vergewisserung von Lebenserfahrung, Aktivierung und Lebendigkeit. So finden Sie beispielsweise bei vielen Vorschlägen die Anregung, eine Kleingruppe der Teilnehmenden könne die Rätsel oder Ergänzungsaufgaben für die jeweils andere Kleingruppe erarbeiten und so selbst zum Spielgestalter werden. Immer wieder prägen Erzählimpulse die Einheiten, weil ich in meiner Arbeit die Erfahrung gemacht habe, dass das Erzählen von Erlebtem viel an Selbstvergewisserung, Stolz auf die Lebensleistung und Solidarität mit anderen bewirkt.

METHODIK

Zu jedem thematischen Vorschlag präsentiere ich Ihnen weit mehr methodische Vorschläge, als Sie für die Gestaltung einer Zusammenkunft benötigen. Für die Auswahl der Methode, die Sie vornehmen, sollten Sie sich eng an den Fähigkeiten, Vorlieben und Wünschen Ihrer Teilnehmenden orientieren. Wichtig ist es hier, die Zielgruppe so im Blick zu haben, dass möglichst alle aktiv dabei sein können, auch wenn Beeinträchtigungen beispielsweise der Sinnesorgane vorliegen. Wählen Sie deshalb solche Methoden aus, die immer wieder verschiedene Sinne ansprechen. Wenn Sie die Vorschläge mit Menschen mit einer demenziellen Veränderung gestalten wollen, wählen Sie zunächst immer die einfachere Variante, um dann ggf. die Schwierigkeit und Anforderung steigern zu können. Wenn Sie mit zu schweren Aufgaben beginnen, sind Misserfolge vorprogrammiert und die Erkrankten haben verstärkt das Gefühl, defizitär zu sein. Orientieren Sie sich aber auch ohne Scheu an Ihren eigenen Vorlieben und Stärken. Sie werden sich positiv auf das Gruppengeschehen auswirken.
Manche der Methoden sind zwar einem Thema zugeordnet, lassen sich aber leicht auch auf andere Themen übertragen.

ZIELGRUPPEN

Die älteren Menschen, die uns in unserer Arbeit begegnen, sind Individuen mit vielfältigen Interessen, Erfahrungen, Erlebnissen und Fähigkeiten. Die methodische Vielfalt des Buches ermöglicht es den Mitarbeitenden, die Auswahl an Aufgaben, Impulsen, Rätseln und Kreativem so zu gestalten, dass für alle Teilnehmergruppen etwas dabei ist. Jüngere Senioren lassen sich gerne in die Aufgabengestaltung einbeziehen, übernehmen

Teile des Programms selbst und entwickeln möglicherweise darüber hinaus eigene Ideen und Impulse. Die Hochaltrigen werden manche der Impulse auch gerne aufnehmen, andere aber eher ungewohnt und fremd finden. Menschen mit einer demenziellen Veränderung brauchen einfache und klare Impulse, die bei Bedarf und Möglichkeit in ihren Anforderungen gesteigert werden können. Ich möchte Sie ausdrücklich zu einem kreativen Umgang mit den Vorschlägen motivieren. Ergänzen Sie selbst etwas, lassen Sie etwas weg, verändern Sie die Vorschläge immer mit dem Blick darauf, was die Teilnehmenden, mit denen Sie zusammen sind, gut und gerne tun möchten. Sie kennen Ihre Teilnehmenden am besten. Und Sie kennen sich selbst am besten, denn die Arbeit steht und fällt mit Ihrem eigenen Schwung und Ihrer Begeisterung für eine Aktivität.
Achten Sie auf eine ausgewogene Themenwahl, in der die Interessen der weiblichen und der männlichen Teilnehmenden gleichermaßen Berücksichtigung finden. Der größere Prozentsatz an Frauen, die zu den Angeboten der Seniorenarbeit kommen, hat seine Gründe nicht nur in der Tatsache, dass es in dem Lebensalter mehr Frauen gibt. Vielmehr ist die Auswahl der Themen und Methoden oft so, dass sie das Interesse männlicher Teilnehmender nicht wecken. Auch hier ist die stärkere Partizipation eine gute Möglichkeit, auch die Männer einzuladen und in der Gruppe zu halten.

AKZEPTANZ

Wenn Sie damit beginnen, Ihre Seniorenarbeit mit stärker aktivierenden Elementen zu gestalten, müssen Sie damit rechnen, dass Sie zunächst Kritik an dieser Veränderung bekommen. Es dauert erfahrungsgemäß eine Weile, bis den Teilnehmenden eine stärkere Teilhabe am Programm gefällt und sie gerne von sich erzählen. Bedenken Sie, dass zunächst auch eine Scheu vor Offenheit überwunden werden und Vertrauen wachsen muss. Ist diese Schwierigkeit überwunden, werden die Teilnehmenden Selbstvergewisserung, Solidarität mit anderen und Stolz auf die erbrachte Lebensleistung genießen. Wenn Sie in Räumen mit schlechter Akustik arbeiten, erwägen Sie die Anschaffung und Nutzung technischer Möglichkeiten, damit die Beiträge der Teilnehmenden gut zu verstehen sind. Auch solche technischen Hilfsmittel werden erst nach und nach akzeptiert werden.

PROJEKTE

Immer wieder im Verlauf des Buches werden Sie von Vorschlägen lesen, die sehr viel Zeit beanspruchen, manchmal gar über mehrere Zusammenkünfte zu verfolgen sind, und andere, die nur wenige Minuten dauern. Letztere Methoden lassen sich gut am Ende einer Zusammenkunft anwenden, wenn noch wenige Minuten bis zum Ende der Veranstaltung gefüllt werden sollen. Die Vorschläge, die viel Zeit in Anspruch nehmen und möglicherweise über Wochen gehen, sind in letzter Zeit in der Seniorenarbeit verstärkt in den Fokus des Interesses gerückt. Es hat sich gezeigt, dass viele ältere Menschen sich lieber in einem zeitlich absehbaren Projekt engagieren, als regelmäßig über das ganze Jahr jede Woche oder jeden Monat teilzunehmen. Projekte ermöglichen es ihnen eher, eigene Freizeitaktivitäten oder familiäre Verpflichtungen wahrzunehmen, und erfreuen sich daher einer höheren Akzeptanz. Wer beispielsweise einen Wohnwagen in einem Feriengebiet stehen hat und sich in den Sommermonaten gerne dort aufhält, der wird im Sommer nicht zum Seniorenkreis kommen, wohl aber im Winter in einem Projekt dabei sein, in dem die älteren Menschen für Jüngere ein Handpuppenspiel vorbereiten und zeigen. Ich berufe mich bei diesen Argumenten auf die Studie des Sozialwissenschaftlichen Institutes Hannover von Petra-Angela Ahrens mit dem Titel »Uns geht's gut – Generation 60plus: Religiosität und kirchliche Bindung«, deren erste Ergebnisse auf dieser Internetseite nachzulesen sind: http://www.ekd.de/si/17824.html

GENERATIONENÜBERGREIFEND

Immer dort, wo mir das sinnvoll und möglich erschien, habe ich Anregungen gegeben, eine Aufgabe mit mehreren Generationen, die sich beispielsweise in einem Gemeindehaus, einem offenen Treff oder einer Pflegeeinrichtung begegnen, zu bearbeiten. Dieser generationenübergreifende Ansatz trägt dem Rechnung, dass es in den Familien häufig nicht mehr viele Begegnungen zwischen Alten und Jungen gibt. Außerdem ist es oft so, dass in den Familien die Erlebnisse und Erzählungen der alten Menschen nicht mehr wirklich mit Interesse und Empathie gehört werden. Die allzu ausschließliche Bezogenheit auf die eigene Kohorte, also die eigene Altersgruppe, führt aber dazu, dass die Kluft zwischen den Generationen tendenziell größer als kleiner wird. Dabei sollen die verschiedenen Altersgruppen miteinander in Kontakt und ins Gespräch kommen, um aus ihrer jeweiligen Lebenswelt etwas zu der Thematik beizutragen. Dabei möchte ich eher weg von niedlichen Kindergruppen, die den Senioren etwas vortanzen oder vorsingen, hin zu mehr Austausch, Gesprächen über Werte, Wünsche, Träume und Ziele.
Wenn Sie als Nutzerin oder Nutzer des Buches Ihre eigene Gemeinde oder Ihren Stadtteil in den Blick nehmen, fallen Ih-

nen gewiss noch viel mehr Möglichkeiten ein, die Generationen miteinander zu verbinden. Dazu sind vielfältige regionale Kontakte hilfreich.

GÄSTE/REFERENTEN

Im Verlauf der Vorschläge, aber auch unter der Überschrift »Eigene Annäherung an das Thema« rege ich dazu an, solche Gäste in den Kreis einzuladen, die aus ihrer Sicht etwas zum Thema beitragen können. Solche Öffnung des Kreises bietet den Teilnehmenden Informationen aus erster Hand, die sie sonst nicht so leicht bekämen. Außerdem führt es dazu, dass die Aktivitäten der Senioren einem größeren Kreis von Menschen bekannt werden. Das führt möglicherweise weitere, vor allem auch jüngere Teilnehmende in Ihre Kreise. Jeder, der die Gemeinschaft erlebt hat und davon erzählen kann, ist ein Werbeträger.
Dabei sollten Sie die Gäste oder Referenten bitten, keinen einstündigen Vortrag zu halten, bei dem die Teilnehmenden passive Zuhörer sind. Vielmehr soll das Gespräch im Vordergrund stehen. Eine DLRG-Gruppe beispielsweise beim Thema »Wasser« könnte mit dem Leiter und einigen Ehrenamtlichen kommen, die nach einem informativen Eingangsreferat an den Tischen mit den einzelnen älteren Menschen ins Gespräch kommen.

KLEINE VORLESEGESCHICHTEN

Zu manchen Themen habe ich Ihnen kleine Geschichten aufgeschrieben, die gut vorzulesen sind. Meist beträgt die Vorlesezeit nur wenige Minuten, sodass die Konzentration nicht überstrapaziert wird, sondern noch Zeit bleibt, von eigenen Geschichten in diesem Zusammenhang zu erzählen.

POSITIVE GRUNDAUSRICHTUNG

Vielleicht wundern Sie sich, dass ich so selten nach schweren und bedrückenden Erfahrungen der alten Menschen frage. Mir ist schon klar, dass diese Generation viele Schicksalsschläge erlitten hat und manchen schweren Weg gehen musste. Ich möchte aber nicht in Wunden herumbohren und dezidiert nach Negativem fragen. Wenn die Teilnehmenden von sich aus auf solche schweren Wegabschnitte zu sprechen kommen, hat das immer und zeitnah seine Berechtigung. Ich möchte nur den älteren Menschen unbedingt selbst die Entscheidung darüber überlassen, was sie wann und in welchem Kreis von sich preisgeben. Darüber hinaus muss bedacht werden, dass die Erinnerung an schwere Wegabschnitte mit dem Ende der Zusammenkunft ja nicht aufhört. Wir können aber die Teilnehmenden nicht einfach sich selbst überlassen, wenn sie durch das Gespräch mit uns und mit der Gruppe ganz aufgewühlt sind. Liebevolles und seelsorgerliches Zuhören und Trösten sind da wichtig. Überprüfen Sie sich und Ihre Rahmenbedingungen, ob das in erforderlicher Weise möglich ist, bevor Sie solche Themen ansprechen.

SITZORDNUNG

Die Sitzordnung ist in der Seniorenarbeit vielerorts ein heikles Thema. Oft haben die Teilnehmenden feste Wünsche bezüglich des Sitzplatzes und reagieren verunsichert und verärgert, wenn sie diesen Platz nicht bekommen können. Nach meiner

Erfahrung ist es so, dass eine veränderte Sitzordnung dann besser akzeptiert wird, wenn sie mit der Aufgabenstellung oder der zu besprechenden Thematik in einer sinnvollen Verbindung steht. Dennoch sollten die Leitungen der Kreise die Wünsche nach einem konstanten Platz zu akzeptieren versuchen und nicht mit erzieherischen Absichten ihre eigenen Wünsche durchsetzen, denn solch ein hierarchisches Denken hat in der Seniorenarbeit meines Erachtens keinerlei Berechtigung. Wir sind die Begleiter und Begleiterinnen der alten Menschen und haben kein Recht, sie belehren oder verändern zu wollen.

ATMOSPHÄRE

Bei meinen Besuchen der Seniorenkreise im Gebiet der Ev.-Luth. Kirche in Oldenburg erlebe ich oft sehr liebevoll gedeckte Tische mit Blumen, Dekoration und einem ansprechenden Angebot an Kaffee, Tee und Kuchen. Diese Atmosphäre ist für die Teilnehmenden sehr wichtig, weil sie darin die Botschaft erkennen, dass Sie als Leitung oder als Leitungsteam sich auf den Nachmittag vorbereitet und gefreut haben, dass die Teilnehmenden erwartet werden und alles für sie bereitsteht. Besonders die vielen allein lebenden Menschen dieser Generation genießen das gemeinsame Essen und Trinken mit anderen. Ich möchte Sie dazu anregen, die Auswahl der Speisen und Getränke, wo immer das ohne allzu großen Aufwand möglich ist, an das Thema anzupassen. Dann haben Sie gleich mit dem Beginn eine wie selbstverständliche Einführung in das Thema, und der Nachmittag oder die Zusammenkunft wird rund. Wenn es also um Bäume geht, könnten Sie Baumkuchen anbieten, bei den 50er Jahren einen typischen Kuchen dieser Zeit, bei Kirmes Berliner usw.

Vormittags stattfindende Angebote können gut mit einem zweiten Frühstück einhergehen. Sie bieten über die Zusammenkunft hinaus gute Gelegenheiten, sich untereinander noch für den Nachmittag zu einer gemeinsamen Aktivität zu verabreden.

ZEITANGABEN

Die Zeitangaben, die Sie unter jedem Vorschlag finden, sind immer nur ungefähre Werte, die der allgemeinen Orientierung dienen. Sie sind stark abhängig von der Größe der Gruppe, von der Erzählfreude, von den Adressaten und auch von Ihnen als Leitung selbst. Nach meiner Erfahrung ist es eher so, dass das Erzählen viel mehr Zeit in Anspruch nimmt, als man vorher gedacht hat. Verzichten Sie dann auf das, was Sie weiter geplant haben, denn es ist doch der schönste Erfolg der eigenen Bemühungen, wenn die Gruppe sich in einem lebhaften Austausch befindet.

LEITUNG

Als Leiterin oder Leiter der Gruppe sind Sie eine wichtige Schaltstelle zwischen den Menschen. Ihr Wort zählt viel, Sie sind geachtet und wertgeschätzt und werden sicherlich auch bei persönlichem Kummer oder bei Freude der Teilnehmenden Ansprechpartner sein. Hinterfragen Sie immer wieder kritisch Ihre eigene Motivation, die Sie diese Arbeit tun lässt. Verändern Sie Ihre Rolle stärker in Richtung Moderation und Anregung, Gesprächsführung und Sorge für gute Verteilung von Redezeit. Lassen Sie die älteren Menschen mit ihren Erfahrungen, ihrem Erleben und ihrem Wissen im Mittelpunkt stehen. Reduzieren Sie eigene Redezeit.

Wenn Sie diese Arbeit ehrenamtlich ausführen, nutzen Sie immer wieder die Gelegenheit, den Hauptamtlichen in Ihrer Gemeinde oder den Pflegefachkräften im Altenpflegeheim von dem zu erzählen, was gerade wichtig ist, damit die Seniorenarbeit nicht in ihrer Nische stecken bleibt, sondern immer wieder im großen Zusammenhang der Gemeinde oder des Hauses in den Blick kommt. Nutzen Sie die Möglichkeit, im Gemeindekirchenrat, im Presbyterium oder bei der Einrichtungsleitung von den Gruppen zu erzählen, und fordern Sie ein Budget ein, damit Sie Material anschaffen oder gelegentlich solche Teilnehmende beispielsweise bei Ausflügen unterstützen können, die sonst nicht mitfahren könnten.
Bei der Arbeit in einem Leitungsteam stellen Sie durch kleine Berichte über Thema, Methodik, Verlauf und Kuchenangebot in einem Gruppenbüchlein sicher, dass alle aus dem Team jederzeit denselben Informationsstand haben können. So ein Büchlein ist auch hilfreich, wenn man einmal eine Chronik schreiben möchte oder wenn Sie einmal die Leitung des Kreises an ein neues Team abgeben.
Berücksichtigen Sie bei der Auswahl der Themen und Methoden auch Ihre eigenen Vorlieben und Talente. Die Leitung einer Gruppe ist immer ein Motivationsträger. Wenn Sie aus irgendeinem Grund zu einem Thema keinen Bezug finden oder es Sie nicht sonderlich interessiert, sollten Sie etwas anderes wählen.

WERBUNG

Nutzen Sie vielfältige Möglichkeiten, für Ihren Kreis Werbung zu machen. Wenn Sie einen guten Draht zur Presse haben, lassen Sie immer wieder auf die Treffen hinweisen und nennen Sie dazu auch die Themen, die bei diesen Treffen im Mittelpunkt stehen werden. Erstellen Sie einen Flyer mit dem Jahres- oder Halbjahresprogramm. Geben Sie Ihren Teilnehmenden davon jeweils zwei Exemplare mit der Bitte, eines davon im eigenen Bekanntenkreis weiterzugeben. Wenn in Ihrer Kirchengemeinde Geburtstagsbesuche gemacht werden, bitten Sie die Besucher darum, zu den Geburtstagen so einen Flyer mitzubringen und auf den Seniorenkreis oder die Gesprächsgruppe hinzuweisen. Sorgen Sie dafür, dass Ihre Gruppe im Gemeindebrief immer wieder Erwähnung findet oder in der Hauszeitung etwas darüber zu lesen ist. Auch das Internet ist für diese Generation inzwischen eine wichtige Informationsquelle.

Schließlich ist auch das Präsentieren von Ergebnissen im Schaukasten oder an zentraler Stelle des Hauses eine sympathische Werbung für Ihre Arbeit.

Bei der Gründung einer neuen Gruppe ist es eine gute Strategie, zwei oder drei Jahrgänge in Ihrem Einzugsgebiet direkt anzuschreiben. Die computergestützten Adressdaten bieten dazu die beste Möglichkeit. Nach meiner Erfahrung kommen etwa zehn bis fünfzehn Prozent der Eingeladenen zu dem ersten Treffen, in ländlichen Gebieten eher mehr.

MIT ZWÖLF THEMEN
durch das Jahr

MONATSTHEMA JANUAR:
Winter

Spiele im Schnee, Wintersport, Erlebnisse beim Schlittschuhlaufen, verschneite Schulwege – darüber gibt es sicher viel zu erzählen. Die älteren Menschen erinnern sich an besondere Winter, an Schneekatastrophen und Schneemänner. Schulwege im Schnee, zugefrorene Seen oder Bäche, Abenteuer- und Winterbilder rufen viele Erinnerungen hervor.

EIGENE ANNÄHERUNG AN DAS THEMA

Mögen Sie den Winter? Welche eigenen Erinnerungen haben Sie an besondere Witterungsverhältnisse in dieser Jahreszeit? Welche Wintersportarten kennen und mögen Sie? Gibt es in Ihrer Nähe jemanden, der schöne Bilder von Wintersportgebieten oder Winterlandschaften zeigen und dazu erzählen könnte? Können Sie noch Anschauungsmaterial besorgen? Alte Skier, Schlittschuhe, einen Rodelschlitten, Winterkleidung oder Ähnliches helfen dabei, Erinnerungen zu wecken.

ERZÄHLIMPULS

ERINNERUNGEN AN DEN WINTER

- Erzählen Sie von einem besonderen Winter, den Sie erlebt haben!

- Wie haben Sie als Kind einen Schneemann gebaut?
- Hatten Sie einen eigenen Schlitten oder mussten Sie ihn mit anderen Kindern teilen?
- Hatten Sie Schlittschuhe? Wie sahen sie aus?
- Erzählen Sie von einer Schneekatastrophe, beispielsweise der von 1979!
- Wo konnte man in Ihrer Heimat Schlitten fahren?
- Gab es eine Fläche für das Eislaufen?
- War es verboten, auf das Eis zu gehen? Und warum?
- In welchem Monat war es am kältesten?
- Heute heißt es immer, die Winter seien früher härter gewesen. Wie schätzen Sie das ein?

Sie können die Fragen nacheinander stellen oder Sie suchen sich schöne Winterbilder, die Sie auf der Rückseite mit jeweils einer Frage beschriften. Die Bilder liegen mit der Bildseite nach oben auf dem Tisch und werden nacheinander aufgedeckt und beantwortet.

Dauer: ca. 30–45 Minuten

Material: ggf. Winterbilder mit den Fragen auf der Rückseite

RÄTSEL

ABKÜRZUNGEN

Im Winter werden die Tage kürzer. Das brachte mich auf die Idee, einmal nach gängigen Abkürzungen zu suchen und ihnen die richtigen Erklärungen zuzuordnen. Nennen Sie die Abkürzungen oder schreiben Sie sie auf und lassen Sie die Erklärungen von den Teilnehmenden ergänzen.

ABKÜRZUNGEN UND IHRE BEDEUTUNG:

MwSt	Mehrwertsteuer
ARD	Allgemeine Rundfunkanstalten Deutschlands
ZDF	Zweites Deutsches Fernsehen
ISBN	Internationale Standard-Buchnummer
Pkw	Personenkraftwagen
usw.	und so weiter
Azubi	Auszubildender
UFO	Unbekanntes Flugobjekt

AEG	Allgemeine Elektrizitäts-Gesellschaft
BASF	Badische Anilin- und Sodafabrik
BMW	Bayrische Motoren-Werke
Haribo	Hans Riegel, Bonn
GmbH	Gesellschaft mit beschränkter Haftung
Hertie	Kaufhaus Hermann Tietz in Berlin
WMF	Württembergische Metallwaren-Fabrik
DeHoGa	Deutscher Hotel- und Gaststättenverein
Schufa	Schutzorganisation für allgemeine Kreditsicherung
ADAC	Allgemeiner Deutscher Automobil-Club
AOK	Allgemeine Orts-Krankenkasse
etc.	et cetera
Hrsg.	Herausgeber
LP	Langspielplatte
EKG	Elektrokardiogramm
i. Tr.	in Trockenmasse
DFB	Deutscher Fußball-Bund

Dauer: 10 Minuten

Material: Liste mit den Abkürzungen ohne die Auflösung (siehe CD → Vorlagen → Abkürzungsliste), Stifte

GESCHICHTE

SCHNEEWUNSCH

Kati und Ben hatten zu Weihnachten einen Schlitten bekommen. Nun freuten sie sich natürlich auf den Schnee, aber drau-

ßen wurde es von Tag zu Tag wärmer. An Silvester konnten sie nachmittags sogar ohne die dicke Winterjacke nach draußen gehen. Und Kati behauptete, sogar schon einen Krokus gesehen zu haben. Von Schnee war weit und breit nichts zu sehen. Übellaunig und nörgelig waren die beiden, aber sie sahen ja ein, dass die Eltern den Schnee auch nicht herbeizaubern konnten.
Um Kati und Ben ein wenig abzulenken, schlugen die Eltern vor, man könne doch gemeinsam in die Stadt fahren, Schaufenster angucken und vielleicht auch ein Eis essen. Aber trotz des Eises hatten die beiden keine Lust dazu. So ein Stadtgang mit den Eltern war meistens langweilig. Mutter würde überall stehen bleiben und möglicherweise sogar Blusen und Hosen anprobieren. Und Vater würde jede Menge Bekannte treffen, und dann ging und ging es nicht weiter. Nein, dazu hatten sie keine Lust. Sie wollten lieber zu Hause bleiben. Sie versprachen, keinen Unsinn zu machen, sondern die CD anzuhören, die sie zu Weihnachten bekommen hatten.
Mutter stellte ihnen noch einen Teller mit Süßigkeiten hin, und mit einigen Ermahnungen fuhren dann die Eltern alleine in die Stadt. Zuerst sprangen Kati und Ben auf dem Sofa herum. Sie nahmen auch ihren Hund Willi mit, der sonst nicht ins Wohnzimmer durfte. Die CD fanden sie schnell langweilig. Schließlich hatten sie sie schon mehrmals gehört und wussten ganz genau, was gleich käme.
Der Fernseher hatte eine Kindersicherung, da war nichts zu machen. Also erzählten sie sich gegenseitig Geschichten vom Schnee. Sie malten sich aus, wie es wäre, auf dem Schlitten den kleinen Abhang hinter dem Haus hinunterzurodeln. Wenn doch bloß Schnee käme!
»Und wenn wir nun den Kühlschrank nach draußen stellen und ihn offen lassen?«, hatte Kati eine Idee. »Quatsch! Das nützt doch gar nichts. So ein kleiner Kühlschrank und so viel warme Luft. Typisch Mädchen!«, entgegnete Ben.

»Aber pass mal auf! Ich habe eine Idee! Wir haben doch neulich einen neuen Staubsauger bekommen. Der war in Styropor eingepackt. Wenn man daran reibt, dann bekommt man Schnee!« Ja, und das probierten sie dann aus. Sie brachen etwas von der Styroporverpackung ab und rubbelten zwei Teile aneinander. Stimmt, das gab Schnee, aber wie lange würde das dauern, bis man eine richtige Schneelandschaft daraus fertigen könnte!

Dann fiel Kati die Küchenmaschine ein, mit der man alles ganz klein machen konnte. Sie bauten sie in der Küche auf und taten etwas von dem Styropor hinein. Das klappte wunderbar, es gab den herrlichsten Pulverschnee, den man sich denken konnte. Die Produktion konnte nun richtig beginnen.

Sie legten im Wohnzimmer eine Schneebahn vom Sofa bis zum Tisch, von den Gardinen bis zum Teppich. Auf dem Tisch bauten sie einen Erfrischungsstand und der Gummibaum vor dem Fenster bekam auch noch etwas Schnee ab. Wenn man die Blätter ein wenig mit Klebstoff beschmierte, haftete der Pulverschnee noch viel besser. Das war schnell gemacht.

Nun konnten sie herrlich im Schnee spielen. Der Hund Willi half dabei mit, den Schnee gut zu verteilen. War das ein Spaß! Sie johlten und lachten so laut, dass sie die Eltern gar nicht hörten, die inzwischen zurückgekommen waren.

Kreidebleich stand die Mutter in der Wohnzimmertür. Überall flog der weiße Pulverschnee herum! Ihr wurde richtig schwindelig bei dem Gedanken, wie das alles wieder sauber zu bekommen wäre. Vater musste sich ein Lachen verkneifen. Fast hätte er geprustet vor Lachen. Aber Kati, Ben und Willi schauten besorgt in Richtung Tür. Ob das nun ein Donnerwetter geben würde?

Na ja, ein Donnerwetter nicht gerade, aber sie mussten alle mithelfen, das Wohnzimmer wieder sauber zu machen. Der neue Staubsauger tat dabei gute Dienste.

Am Abend nach den Nachrichten sagte der Wetterbericht für die nächsten Tage Schnee voraus.

Die Idee zu dieser Geschichte habe ich auch in plattdeutscher Sprache veröffentlicht. Das Buch heißt »Von Katten un Karken« und ist im Isensee Verlag erschienen.

ZUORDNUNGSSPIEL

DAS UND-SPIEL

Es gibt viele Wörter, die wir fast automatisch miteinander verbinden. Zwischen ihnen steht nur ein UND. Geben Sie der Gruppe dafür ein Beispiel und nennen Sie bei den weiteren Aufgaben immer nur den ersten Teil, also »bei Schnee und …«, und lassen Sie die Gruppe dann ergänzen.

- bei Schnee UND Eis
- bei Wind UND Wetter
- über Stock UND Stein
- mit Mann UND Maus
- mit Kind UND Kegel
- Land UND Leute
- rauf UND runter
- mit Sack UND Pack
- Feuer UND Flamme
- drauf UND dran
- mit Händen UND Füßen
- fix UND fertig

- Katz UND Maus
- bei Tag UND Nacht
- in Reih' UND Glied
- einzig UND allein
- Gift UND Galle
- schlecht UND recht
- an Ort UND Stelle
- mit Leib UND Seele
- das hat Rang UND Namen
- mir ist angst UND bange
- in Küche UND Keller
- Jan UND Allemann
- ein Hin UND Her
- drunter UND drüber

Weitere Möglichkeiten finden Sie selbst oder auch die Teilnehmenden sicherlich, sodass das Spiel noch erweitert werden kann.

Dauer: ca. 10 Minuten
Material: keines

SUMMENRÄTSEL

WINTER-WÖRTER FINDEN

Finden Sie möglichst viele Worte, die mit »Winter« beginnen.

So könnte die Sammlung aussehen:
Winterschlaf, Winterfell, Wintersport, Winterwetter, Wintermantel, Winterstiefel, Winterberg, Winterferien, Winterkleid, Winterlandschaft, Wintermonat, Winterschlussverkauf, Winteranfang, Wintermode, Winterkleidung, Wintersonnenwende

Das kann per Zuruf erfolgen oder auch tischweise gespielt werden, wobei es ein Ansporn sein kann, einen kleinen Preis auszuloben für den Tisch, der die meisten Worte gefunden hat. Vielleicht kann die Siegergruppe den Kuchen für das nächste Treffen auswählen oder eine Eistorte für den Sommer bestimmen.

Dauer: ca. 10 Minuten

Material: beim Spielen an Tischen Papier und Stifte für jeden Tisch

SAMMELAUFGABE UND ERZÄHLIMPULS

WINTERSCHLAF

Stellen Sie die Frage, welche Tiere Winterschlaf halten. So lauten die Antworten: Bären, Siebenschläfer, Igel, Murmeltiere.

Weitere Antworten und Informationen zum Winterschlaf und zur Winterruhe finden Sie auf dieser Internetseite: http://de.wikipedia.org/wiki/Winterschlaf

Fragen Sie die Teilnehmenden, was sie in fünf Monaten Winterschlaf gerne tun würden.

Dauer: 10 Minuten, bei weiteren Informationen zu den Tieren auch länger

Material: Informationen und Wissen zum Weitergeben

GESCHICHTE UND ERZÄHLIMPULS

FABEL

Lesen Sie den Teilnehmenden die Fabel vor. Lassen Sie danach kurz Zeit zum Austausch an den Tischen oder in kleinen Gruppen. Stellen Sie dann die Frage, was dem Frieden dient und was jeder und jede von uns dazu beitragen kann.

Nicht mehr als ein Nichts
»Sag mir, was wiegt eine Schneeflocke?«, fragte die Tannenmeise die Wildtaube. »Nicht mehr als ein Nichts«, gab sie zur Antwort. »Dann muss ich dir eine wunderbare Geschichte erzählen«, sagte die Meise. »Ich saß auf dem Ast einer Fichte, dicht am Stamm, als es zu schneien anfing; nicht etwa heftig im Sturmgebraus, nein, wie im Traum, lautlos und ohne Schwere. Ich hatte nichts Besseres zu tun, also zählte ich die Schneeflocken, die auf die Zweige des Astes fielen und darauf liegenblieben. Es waren genau dreimillionensiebenhunderteinundvierzigtausendneunhundertzweiundfünfzig. Als aber die nächste Flocke niederfiel – nicht mehr als ein Nichts –, brach der Ast ab.« Damit flog die Meise davon. Die Taube aber, seit Noahs Zeiten eine Spezialistin in dieser Frage, sagte zu sich nach kurzem Nachdenken: »Vielleicht fehlt nur eines einzelnen Menschen Stimme zum Frieden in der Welt.«

Dauer: 5 Minuten zum Vorlesen, ca. 15–30 Minuten für das Gespräch
Material: keines

MITGEBSEL

Schreiben Sie die Fabel in schöner Schrift auf und geben Sie sie den Teilnehmenden mit nach Hause oder in ihr Zimmer. Sie können auch dazu einladen, den Rand um diese Fabel mit allerlei Symbolen und Zeichen zu versehen, die für den Frieden stehen.

Dauer: Das Verteilen geht schnell. Sie brauchen aber Zeit für die Vorbereitung!
Material: Schönes Papier, um die Fabel in schöner Schrift darauf zu kopieren oder auszudrucken

ERZÄHLIMPULS

WINTERBESUCHE

Besonders in ländlichen Gebieten ist es üblich, dass sich die Nachbarn im Winter besuchen. Diese Zeit ist in der Landwirtschaft nicht so arbeitsintensiv, da bleibt Zeit für Begegnungen untereinander. Stellen Sie Fragen dazu, wie diese Winterbesuche verliefen. Diese Fragen bringen Sie weiter:

- Wie wurden die Besuche gestaltet?
- Was hat man an Speisen und Getränken angeboten?
- Wer galt als Nachbar?
- Waren die Gespräche nach Geschlecht sortiert?
- Worüber haben die Männer gesprochen?
- Worüber haben die Frauen gesprochen?
- Wurden dabei Handarbeiten gemacht?
- Haben die Männer Karten gespielt? Welche Spiele gab es?

Regen Sie Ihre Gruppe dazu an, man möge einander doch auch einmal besuchen. Mit einer Aufforderung verbunden, bei einem solchen Besuch schon etwas für das nächste Treffen vorzubereiten, fällt das leichter. Haben Sie beispielsweise vor, über ein bestimmtes Jahr oder Jahrzehnt zu sprechen, könnte in den kleinen Vorbereitungsgruppen dafür schon etwas zusammengetragen werden.

MERKAUFGABE

WINTERBILD

Auf der beigefügten CD (Vorlagen → Winterbild) finden Sie ein Winterbild. Zeigen Sie dieses Bild am besten in groß an einer Leinwand den Teilnehmenden für ca. zwei Minuten und fordern Sie dazu auf, sich möglichst viele Details zu merken, die auf dem Bild zu sehen sind. Verraten Sie aber noch nicht, was konkret gefragt werden wird. Nach den zwei Minuten Betrachtungszeit lenken Sie die Gruppe durch das Singen eines Liedverses kurz ab. »Winter ade, scheiden tut weh!« ist vielen bekannt und ist gut ohne Liedblatt singbar. Dann stellen Sie die folgenden Fragen:

- Wie viele Fenster sind insgesamt zu sehen?
- Wie viele Sprossen hat das kleine Fenster in der Eingangstür?
- Steht der kleine Baum rechts oder links neben dem Eingang?
- Auf welcher Seite neben dem Haus stehen die beiden schneebedeckten Tische?
- Wie viele Besen stehen vor dem Haus?
- Welche Farbe hat der Fernsehempfänger auf dem Dach?
- Ist der Schornstein frei sichtbar oder verdeckt?
- Welche Form hat das kleine Dach über dem Eingang?

ERGÄNZUNGSAUFGABE

GEDICHT MIT LÜCKEN

Viele der älteren Menschen werden das Gedicht von Friedrich Wilhelm Güll vom Büblein auf dem Eis auswendig kennen.

Auf dieser Internetseite und hier im Anschluss finden Sie es in Gänze: http://www.pinselpark.de/literatur/g/guell/poem/gefrorenhat.html

Will sehen, was ich weiß,
Vom Büblein auf dem Eis

Späte Fassung 1827

Gefroren hat es heuer
Noch gar kein festes Eis.
Das Büblein steht am Weiher
Und spricht zu sich ganz leis:
Ich will es einmal wagen,
Das Eis, es muss doch tragen. –
Wer weiß?
Das Büblein stapft und hacket
Mit seinem Stiefelein.
Das Eis auf einmal knacket,
Und krach! schon bricht's hinein.
Das Büblein platscht und krabbelt,
Als wie ein Krebs und zappelt
Mit Arm und Bein.
O helft, ich muss versinken
In lauter Eis und Schnee!
O helft, ich muss ertrinken
Im tiefen, tiefen See!
Wär nicht ein Mann gekommen,
Der sich ein Herz genommen,
O weh!
Der packt es bei dem Schopfe
Und zieht es dann heraus.
Vom Fuße bis zum Kopfe
Wie eine Wassermaus.
Das Büblein hat getropfet,
Der Vater hat's geklopfet
Zu Haus.

Ich habe an mehreren Stellen Lücken eingefügt, an denen die Gruppe ergänzen soll, wie das Gedicht dort richtig weitergeht.

Will sehen, was ich weiß,
Vom Büblein auf dem Eis

Späte Fassung 1827

Gefroren hat es heuer
Noch gar kein ...
Das Büblein steht am ...
Und spricht zu sich ganz leis:
Ich will es einmal ...,
Das Eis, es ... –
Wer weiß?
Das Büblein stapft und hacket
Mit seinem Stiefelein.
Das Eis auf einmal ...,
Und krach! schon ....
Das Büblein platscht und krabbelt,
Als wie ein Krebs und zappelt
Mit Arm und ....
O helft, ich muss versinken
In lauter Eis ...!
O helft, ich muss ertrinken
Im tiefen ...!
Wär nicht ein Mann ...,
Der sich ein ...,
O weh!
Der packt es bei dem ...
Und zieht es dann heraus.
Vom Fuße bis zum ...
Wie eine Wassermaus.

Das Büblein hat ...,
Der Vater hat's ...
Zu Haus.

Sie können den Lückentext für alle kopieren und austeilen oder die Lücken auch per Zuruf ergänzen lassen.

Dauer: ca. 10 Minuten

Material: der kopierte Lückentext (siehe CD → Vorlagen → Lückentext Büblein auf dem Eis)

MONATSTHEMA FEBRUAR:
Farben

Der Februar steht oft im Zeichen des Karnevals, zu dem ich immer noch keinen Zugang finde. Trotzdem schlage ich ein »buntes Thema« vor, die Auseinandersetzung mit Farben. Sie beeinflussen unsere Stimmung, können beruhigen oder aufregen und geben vielerlei Möglichkeiten zu Gesprächen, Spielen und Rätseln.

Auf dieser Internetseite finden Sie viele Informationen rund um die Farbe: http://de.wikipedia.org/wiki/Farbe, die Ihnen helfen können, noch mehr Ideen zu dem Thema zu entwickeln.

EIGENE ANNÄHERUNG AN DAS THEMA

Welche Farben mögen Sie gerne? Wie wirken Farben auf Sie? Welche Dekorationsmöglichkeiten haben Sie für Ihre Gruppe? Mit welchen Farben kleiden Sie sich gerne? Kennen Sie eine Farbberaterin, die Sie in die Runde einladen könnten?

ZUORDNUNGSSPIEL

FARBEN UND DEREN BEDEUTUNG

Lassen Sie die alten Menschen zu den Farben die Bedeutung benennen, die sicherlich noch vielen gut bekannt ist.

Rot ist die Liebe.
Grün ist die Hoffnung.
Gelb ist der Neid.
Blau ist die Treue.
Schwarz ist die Nacht.
Lila ist der letzte Versuch.

Dauer: ca. 5 Minuten
Material: keines

ZUORDNUNGSSPIEL

ASSOZIATIONEN ZU DEN FARBEN

Nennen Sie eine Farbe und lassen Sie dazu sammeln, was den Teilnehmenden alles zu dieser Farbe einfällt. Damit Sie gut vorbereitet sind und ggf. Hilfen geben können, habe ich das für Sie zu den gängigen Farben schon mal erarbeitet. Es ist so gedacht, dass der Farbname immer vor das genannte Wort gesetzt werden kann. Manchmal muss man noch ein oder zwei Buchstaben dazufügen.

ROT – Roter Hahn (Feuerwehr), Rotes Meer, roter Felsen auf Helgoland, Socken, Haut, Grütze, Wein, Auge, Kehlchen, Barsch

BLAU – Lagune, Stunde, Montag, Engel, Meise, Mann, Licht, Kraut, Strumpf, machen

GELB – Fieber, Gold, Wurz

GRÜN – Gewölbe, Stadt am Meer

WEISS – Schnee, Weste, Sonntag

SCHWARZ – Geld, Arbeit, Schlachten, Brennen, Freitag, Brot, Wurzel, Markt, Malerei, Witwe, Wald

GOLD – Grube, Kind, Fisch, Horn, Marie, Zeitalter, Klumpen, Medaille, Stück, Mark, Schmied, Küste, Rausch, Wäscher, Dukaten, Barren, Esel, Ammer, Ei, Krone, Zahn

GRAU – Rock, Eminenz, Bünden, sam, sig, en, denz (Ort in Westpreußen), Burgunder, Gans, Brot, Bart, Zone

Schön ist diese Arbeit in Kleingruppen. Teilen Sie dazu bunte Schnipsel aus, die bereits die Farben darstellen, zu denen etwas gesammelt werden soll. Dann treffen sich alle, die einen roten Schnipsel bekommen haben, zum Sammeln über Rot. Alle, die einen gelben Schnipsel haben, sammeln Gelb und so weiter. Sie können das per Zuruf spielen oder an die Tische Papier und Stifte zum Aufschreiben geben.

Dauer: ca. 15 Minuten

Material: ggf. Papier und Stifte, Schnipsel für die Gruppenzuordnung

SAMMELAUFGABE

FARBEN IN LIEDERN UND FILMEN

- Ganz in Weiß mit einem Blumenstrauß
- Grün ist die Heide
- Weiße Rosen aus Athen
- Rote Lippen soll man küssen
- Schwarzbraun ist die Haselnuss
- Blau, blau, blau blüht der Enzian

- Azzurro, so ist der Himmel für Verliebte, denn Azzurro heißt blau
- Kornblumenblau
- Rote Rosen, rote Lippen, roter Wein
- Aus grauer Städte Mauern

Sicherlich macht es viel Spaß, die Lieder auch zu singen.

Dauer: ca. 10 Minuten, wenn nur gesammelt wird, beim Singen entsprechend länger

Material: keines

REIMEN

FARBREIMEREI

Lassen Sie zu den Farbnamen solche Worte finden, die sich auf den Farbnamen reimen. Zum Beispiel:

BLAU – grau, genau, schlau, Sau, Ammergau, flau ...

ROT – Tod, Not, Pilot, Idiot, Brot ...

SCHWARZ – Harz, Quarz ...

Dauer: ca. 10 Minuten

Material: keines

SAMMELAUFGABE

REDEWENDUNGEN MIT FARBEN

Lassen Sie Redewendungen mit Farben zusammentragen.

Diese Internetseite ist dazu sehr hilfreich: http://www.phraseo.de/sammlung/farben/

Für Grün sieht die Sammlung auf der oben erwähnten Seite so aus:

- Ach du grüne Neune!
- Alles im grünen Bereich
- Auf keinen grünen Zweig kommen
- Dasselbe in Grün
- Einen grünen Daumen haben
- Grün hinter den Ohren sein
- Grün vor Neid werden
- Grüne Weihnachten
- Grünes Licht geben
- Jemandem nicht grün sein
- Jemanden über den grünen Klee loben
- Sich grün und blau ärgern

Wiederholen Sie das mit den anderen Farben und spielen Sie wieder entweder auf Zuruf oder schriftlich an den Tischen.

Dauer: pro Farbe ca. 5 Minuten

Material: ggf. Stifte und Papier

SAMMELAUFGABE

ANAGRAMM

Geben Sie das Wort »Farbeimer« vor und schreiben Sie es in großen Druckbuchstaben an eine Tafel oder auf ein Flipchart.

Nun sollen die Teilnehmenden aus diesen Buchstaben möglichst viele neue Worte bilden. Es dürfen Buchstaben weggelassen, aber keine neuen hinzugenommen werden. So könnte die Lösung aussehen:

Farbe, Eimer, Ei, Meer, Rabe, bei, Bar, Fieber, Reim, Bier, Arm, Brei, Eber, fair, Eibe, Brief, Reibe ...

Dieses Spiel kann mit allen möglichen Begriffen als Ausgangswort gespielt werden. Das Wort sollte aber aus acht bis zehn Buchstaben bestehen. Es geht leichter, wenn viele Vokale in dem Wort stecken.

Gut denkbar ist es auch, ein Wort am Ende der Veranstaltung anzusagen und die Teilnehmenden dazu aufzufordern, bis zum nächsten Treffen zu Hause möglichst viele Worte zu finden, die sich aus den Buchstaben bilden lassen.

Dauer: 10 Minuten

Material: Flipchart, dicker Filzstift, für die Teilnehmenden ggf. Papier und Stifte

AUFLISTUNG

ZWISCHENTÖNE

Lassen Sie die Gruppe zu jedem der gängigen Buchstaben des ABC eine Farbe finden.

Aubergine, Blutrot, Cremefarben, Dottergelb, Enzianblau, Fuchsiarot, Graubraun ...

Sie können das per Zuruf durchführen oder einen Bogen austeilen, auf dem die Buchstaben bereits vermerkt sind.

Dauer: ca. 10 Minuten

Material: ABC-Schablone (siehe CD → Vorlagen → ABC-Schablone)

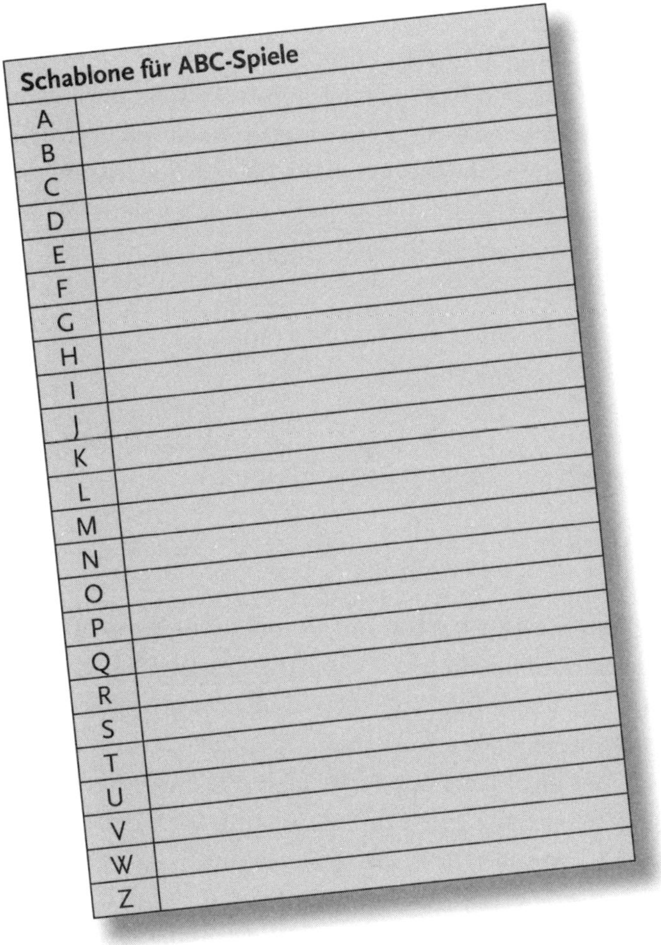

ERZÄHLIMPULS

ICH HATTE MAL EIN ROTES KLEID! UND ICH EIN ROTES AUTO!

Regen Sie dazu an, sich an ein besonderes Kleid oder an ein besonderes Auto zu erinnern, das eine schöne Farbe hatte. Beinahe jede Frau hat Erinnerungen an ein Kleid mit einer besonderen Farbe. (Mein Kleid war türkis und weiß.) Jeder Mann wird sich an die Farben seiner Autos erinnern, Frauen vielleicht auch, obwohl sicherlich nicht alle unserer älteren Damen einen Führerschein haben. Sie können auch nach anderen Dingen fragen, die durch eine besondere Farbe auffallen, ein Haus, eine Blume, eine Kirche. Ich bin sicher, es gibt in jedem Ort auffällige Farbgebungen, die in aller Munde sind.

Dauer: ca. 15 Minuten – je nach Teilnehmerzahl

Material: keines

KONZENTRATIONS-ÜBUNG

GELB IN ROT

Schreiben Sie Farbnamen mit dem Computer groß auf und kleben Sie die Streifen mit den Aufschriften auf eine große Pappe. Der Kniff dabei ist, dass Sie das Wort »gelb« in roter Schrift schreiben, das Wort »blau« in grüner Schrift usw. Wichtig ist, dass der Name der Farbe nicht die Farbe ist, in der das Wort geschrieben steht. Fordern Sie nun Ihre Teilnehmer auf, so schnell wie möglich alle Wörter durchzugehen und laut (oder in Gedanken) die Farbe auszurufen. Also die Farbe, in der das Wort geschrieben ist, nicht das Wort. Das wird sehr schwer fallen, weil das Gehirn den Wortsinn scheinbar mehr gewichtet als die eigentliche Farbe.

Ein Beispiel dazu finden Sie im Internet auf dieser Seite: http://www.optischetaeuschungen-online.de/optischet%E4uschungen/spec.php

Dauer: ca. 5–10 Minuten

Material: Farbnamen in großer Schrift aufgeschrieben und aufgehängt oder mit dem Laptop präsentiert. (siehe CD → Vorlagen → Gelb in Rot)

MONATSTHEMA MÄRZ:
Kleine Teeologie

Keine Sorge, es gibt nicht schon wieder eine neue Rechtschreibreform, meine Rechtschreibung ist auch nicht schlechter als sonst, sondern hinter dem so falsch aussehenden Wort »Teeologie« verbirgt sich mein Vorschlag, doch einmal einen Nachmittag oder eine Beschäftigungsrunde zum Thema »Tee« zu gestalten. Das Kaffee- und Teetrinken gehört in fast allen Seniorengruppen dazu, damit haben Sie einen guten Anknüpfungspunkt für das Thema.

Auf diesen Internetseiten gibt es interessante Informationen rund um den Tee und nette Sprüche zum Tee.
http://www.teekanne.at/teegeschichte.php
http://www.spruecheportal.de/teesprueche.php
http://de.wikipedia.org/wiki/Tee

Die Wikipedia-Seite enthält zudem interessante Bilder zu Anbau, Pflanze, Blüte etc., die Sie ggf. ausdrucken und aufhängen können.

EIGENE ANNÄHERUNG AN DAS THEMA

Welche Tees kennen Sie und welche trinken Sie gerne? Gibt es in Ihrer Nähe ein Reformhaus, in dem Sie nach besonderen Tees fragen können? Wo können Sie Proben von Tees bekommen? Gibt es in der Nähe einen Teehändler, der Ihnen behilflich sein könnte? Haben Sie die Möglichkeit, aus verschiedenen

Teesorten einen speziellen Seniorenkreistee zu mischen und ihn an die Teilnehmenden zu verschenken? Finden Sie dazu hübsche Dosen oder Tüten?

AUSSTELLUNG

TEESERVICE – TEEKANNE – TEEZUBEHÖR

Fordern Sie die Teilnehmenden dazu auf, von zu Hause ein Stück des eigenen Teeservices mitzubringen und stellen Sie die einzelnen Gegenstände zu einer kleinen Ausstellung zusammen. Wenn Sie lieber größere Gegenstände hätten, fordern Sie dazu auf, eine Teekanne oder einen Kessel mitzubringen. Auch Tee-Eier, Teefilter etc. bieten sich an.
Lassen Sie die Teilnehmenden, die einen Gegenstand mitgebracht haben, dazu jeweils etwas erzählen, und geben Sie genügend Zeit, die kleine Ausstellung anzuschauen. Vielleicht kann sie auch für andere Gruppen im Haus eine Weile so stehen bleiben. Das wäre einmal mehr eine gute Gelegenheit, auf die Aktivitäten im Seniorenkreis hinzuweisen.

Dauer: ca. 30 Minuten

Material: mitgebrachte Gegenstände, Kärtchen für die Namen der Besitzer der Gegenstände

SAMMELAUFGABE

TEESORTEN

Lassen Sie zu jedem Buchstaben des ABC eine Teesorte finden. Verteilen Sie dazu die vorbereitete Liste mit den Buchstaben.

So könnten
die Antworten
aussehen:

Anistee
Brombeertee
Ceylon
Datteltee
Earl Grey
Fencheltee
Grapefruittee
…

Dauer: ca. 10 Minuten

Material: ABC-Schablone (siehe CD → Vorlagen → ABC-Schablone)

RATESPIEL

TEESORTE RATEN

Bereiten Sie verschiedene Tees zu, die sich farblich nicht besonders unterscheiden sollten. Erstellen Sie kleine Kärtchen mit den Namen der Teesorten und lassen Sie die Teilnehmenden die Tees probieren und die richtigen Namen der Teesorten zuordnen.

Dauer: ca. 20 Minuten

Material: diverse Tees, viele kleine Becher, Kärtchen mit den Namen der Tees

EIGENE TEEREZEPTE

Fragen Sie nach Rezepten für eigene Teemischungen. Viele der alten Menschen haben früher selbst Kräuter gesammelt und

diese nach dem Trocknen als Tee aufgegossen. Meine Großmutter hat beispielsweise Breitwegerich, Spitzwegerich, Huflattich und Kamille gesammelt. Wir nannten ihn in der Familie »Omi-Wüsting-Tee« nach dem Wohnort meiner Großeltern. Wenn es in Ihrer Runde viele Tee-Sammler gibt, könnte aus den Rezepten doch eine kleine Sammlung entstehen, die gedruckt oder kopiert und verteilt wird. So eine Sammlung ist auch ein Verkaufsschlager beim Basar oder Sommerfest. Vergessen Sie nicht, den Entstehungsort »Seniorenkreis« zu vermerken. Sie könnten auch selbst zusammengestellte Teemischungen auf einem Basar oder Gemeindefest verkaufen, dafür ansprechende Namen finden (Oma Gundels Pfefferminztee Schöne Morgenstunde, Opa Karls Baldriantee Gute Nacht usw.) und damit in schöner Schrift die Teetüten oder Teedosen beschriften.

Dauer: ca. 30 Minuten, ggf. länger

Material: Papier und Stifte zum Aufschreiben, ggf. Vervielfältigungsgerät, Locher, Garn zum Binden, evtl. Teetüten, Teedosen, Etiketten zum Beschriften u. Ä.

TANZTEE

Regen Sie dazu an, von Tanztees zu erzählen, an die die alten Menschen gewiss viele Erinnerungen haben. Diese Fragen helfen Ihnen weiter:

- Wo war in Ihrem Wohnort der Tanztee?
- Wann traf man sich dort?
- Welche Musik wurde gespielt?
- Welche Musikinstrumente wurden gespielt?
- Ging man alleine hin oder in Gruppen?
- Wie war man gekleidet?
- Ab wann durfte man zum Tanztee gehen?
- Gab es dort wirklich Tee zu trinken?
- Wer forderte zum Tanz auf?
- Gab es Damenwahl?
- Wie viel kostete es an Eintritt?

Vielleicht macht es Spaß, zu dieser Erzählrunde einen Kurs einer Tanzschule einzuladen, damit die alten und die jungen Menschen mehr voneinander erfahren und ins Gespräch kommen. Dekorieren Sie den Raum entsprechend und halten Sie Musik bereit. Wer weiß, vielleicht wagt jemand ein Tänzchen? Bezüglich der Musiktitel können Sie gut auf die Liste der Schlager zurückgreifen, die unter dem Stichwort 50er Jahre (siehe S. 139) zum Ergänzen aufgelistet sind. Wenn Sie junge Leute einladen, sollten diese auch einige ihrer Lieblingstitel mitbringen.

Auf dieser Internetseite erfahren Sie etwas über die Entstehung der Tanztees: http://de.wikipedia.org/wiki/Tanztee

Dauer: ca. 45 Minuten, bei Einladung einer Tanzschule länger

Material: die Fragen vorgelesen oder aufgeschrieben, Dekoration, Musik, Abspielgerät

ERZÄHLIMPULS UND MUSIK

TÄNZE

Lassen Sie die Teilnehmenden zusammentragen, welche Tänze man früher tanzte. So könnte das Ergebnis aussehen:

- Wiener Walzer
- Langsamer Walzer
- Rheinländer
- Polka
- Twist
- Rock 'n' Roll
- Samba
- Marsch
- Tango
- Foxtrott
- Cha-Cha-Cha
- Swing
- Jive
- Charleston
- Rumba

Bestimmt können die älteren Menschen den Tänzen auch die Musik zuordnen, zu denen man diese Tänze tanzte. Eine Umfrage bei meinen Eltern, die in den 50er Jahren jung waren, hat diese Zuordnung für einige Tänze schon einmal vorgelegt.

Walzer
Das alte Försterhaus
Oh, du schöner deutscher Rhein
Tief im Böhmerwald
Keinen Tropfen im Becher mehr
Im grünen Wald, dort wo die Drossel singt
Schneewalzer
Que Sera Sera (Was kann schöner sein)
Es hängt ein Pferdehalfter an der Wand
Man müsste noch mal 20 sein
Rote Rosen, rote Lippen, roter Wein

Fox/Foxtrott
Hoch auf dem gelben Wagen
Wo der Wildbach rauscht
Zwei Spuren im Schnee
Ein Jäger aus Kurpfalz
Denkste denn, denkste denn, du Berliner Pflanze
Wenn bei Capri die rote Sonne im Meer versinkt
Die süßesten Früchte fressen nur die großen Tiere
Marina, Marina, Marina
Mandolinen und Mondschein
Tipitipitipso

Langsamer Walzer
Ich tanze mit dir in den Himmel hinein
Ich schau dir so gern in die Augen hinein
Chim Chim Cheree
Steig in das Traumboot der Liebe
Schütt die Sorgen in ein Gläschen Wein

Marsch
Wohl auf in Gottes schöne Welt
Radetzky-Marsch
Rennsteiglied
Im Frühtau zu Berge
Von den Bergen rauscht ein Wasserfall
Es war einmal ein treuer Husar

Polka
Annenpolka
Ambosspolka
Rosamunde
Anneliese, ach Anneliese

Tango
Kriminaltango
Leise rauscht es am Missouri
Ganz Paris träumt von der Liebe
La Le Lu, nur der Mann im Mond schaut zu

Vielleicht haben andere Paare zu diesen Liedern auch andere Tänze getanzt.

Auch die Texte der Lieder können viele auswendig mitsingen. Wenn Sie sie selbst nicht kennen, seien Sie unbesorgt; es ist immer jemand dabei, der aushelfen kann.
Halten Sie für jeden Tanz möglichst eine passende Musik bereit, ich bin sicher, dann wird auch getanzt.

Dauer: nur für die Aufzählung 15 Minuten, mit Tanz und Musik entsprechend länger

Material: die oben aufgeführte Liste und ggf. Musik mit Abspielgerät

RATESPIEL

TEEKESSELCHEN

Probieren Sie doch einmal dieses alte Kinderspiel, bei dem zwei Personen sich einen Begriff ausdenken müssen, der zwei verschiedene Bedeutungen hat. Jeder gibt immer nur scheibchenweise etwas von seinem Begriff preis, sodass die Zuhörenden raten müssen, worum es sich handelt. Hier ein Beispiel zum besseren Verständnis:

A: Mein Teekesselchen ist weiß.

B: Meins auch.

A: Mein Teekesselchen ist größer als ich.

B: Mein Teekesselchen kann klein oder groß sein.

A: Mein Teekesselchen ist oft im Sport zu sehen.

B: Mein Teekesselchen ist oft auf Käse zu finden.

Auflösung: Schimmel – einmal das Pferd und zum anderen der Schimmel auf Käse oder verdorbenen Lebensmitteln.

Diese Internetseite bietet viele gute Beispiele für Teekesselchen: http://www.familie-online.de/tee.shtml

Dauer: ca. 15–20 Minuten

Material: ggf. einige Vorschläge, was Teekesselchen sein könnten

SAMMELAUFGABE

TEE-WORTE FINDEN

Lassen Sie die Gruppe möglichst viele Worte finden, in denen das Wort »Tee« vorkommt. So könnte das Ergebnis aussehen:

Teekanne, Teeservice, Teezeremonie, Teebeutel, Teetasse, Teezucker, Teekuchen, Teeanbau, Teewurst, Teehäuschen, Teedose, Teefilter, Teelöffel, Teesieb ...

ZUM VORLESEN

HERKUNFTSLEGENDEN

Es gibt einige schöne Herkunftslegenden über den Tee, die Sie auf dieser Internetseite nachlesen und ggf. auch vorlesen können: http://www.tee-online.info/tee-ursprung.php

Dauer: ca. 10 Minuten

Material: die Geschichten

WARUM MAG ELFRIEDE KEINEN TEE UND KEINEN KAFFEE?

Lesen Sie den Teilnehmenden den folgenden Text langsam vor. Die Gruppe soll herausfinden, warum Elfriede keinen Tee und keinen Kaffee mag.

GESCHICHTE

Mit Elfriedes Geschmack bezüglich der Getränke ist es nicht so ganz einfach. Sie mag keinen Tee und keinen Kaffee, wohl aber Kakao. Auch Bier und Wein trinkt sie gerne, allerdings keine Beerenauslese. Bei Apfelsaft sagt sie auch nicht Nein. Beim Essen verhält sich Elfriede auch nicht wirklich problemlos. Lachs isst sie gerne, Aal mag sie überhaupt nicht. Hühnchen mag sie gerne, Frikassee hingegen nicht. Und wenn irgendwo Lorbeer dran ist, lehnt sie unbedingt ab. Zum Frühstück nimmt sie Honig oder Marmelade, auf keinen Fall Gelee.
Ans Meer mag sie nicht reisen, aber auch nicht in den Schnee. Sie mag die Sonne in den Bergen. Aber an die Spree will sie auf keinen Fall. Und ein See darf auch nicht in der Nähe sein, eher ein Fluss. Häuser mit Reetdach gefallen ihr nicht. Sie mag rote Ziegeldächer. Blumen in einem Beet mag sie nicht, eher auf der Wiese. Moorlandschaften mag sie nicht, und mit Moos bewachsene Steine verabscheut sie ebenfalls. Alleen gefallen ihr auch nicht. Und sie hat auch keine Idee, woran es liegt, dass sie das eine mag und das andere nicht. Können Sie ihr helfen?

Und Sie? Haben Sie denn eine Idee, was für ein Grund hinter Elfriedes Ablehnung bestimmter Dinge steht? Geben Sie die Lösung nicht zu früh preis, damit alle die Gelegenheit haben, darüber nachzudenken, was sich denn hinter dieser merkwürdigen Geschichte verbirgt. Besonders schnelle Rater können Sie bitten, die Lösung aufzuschreiben und noch nicht zu verraten, damit alle die Gelegenheit haben, mitzuraten.

Auflösung: Elfriede lehnt alles ab, was mit zwei aufeinanderfolgenden Vokalen geschrieben wird, also Kaffee, Tee, Idee, Moos und eben die anderen in die Geschichte eingefügten Wörter.

Dauer: ca. 10 Minuten

Material: Geschichte

MONATSTHEMA APRIL:
April, April, der weiß nicht, was er will – Wetter und Wetterregeln

Das Wetter ist nicht nur ein gutes Thema für den Small Talk; man kann sich auch ausführlicher darüber unterhalten und mit verschiedenen Anregungen und Aufgaben rund um das Wetter miteinander ins Gespräch kommen. Viele der älteren Menschen kennen noch Wetterregeln und haben eine ganz feste Meinung darüber, wie es mit deren Gültigkeit bestellt ist. Jeder und jede wird sich an besondere Wettersituationen erinnern, vielleicht auch in Verbindung mit persönlichen Festen am Lebensweg wie Taufe, Trauung oder Konfirmation.

EIGENE ANNÄHERUNG AN DAS THEMA

Welches Wetter ist Ihnen am liebsten? Erinnern Sie sich an besondere Wetterverhältnisse? Haben Sie Kontakt zu einem Meteorologen, der Sie unterstützen oder gar die Gruppe besuchen könnte? Können Sie eine Wetterkarte besorgen?

ERZÄHLIMPULS

Stimmen Sie Ihre Gruppe mit einigen Einstiegsimpulsen auf das Thema ein, indem Sie in die Runde die folgenden Fragen geben, die dann reihum beantwortet werden sollen.

- Welches Wetter ist Ihnen am liebsten?
- Welche Jahreszeit mögen Sie besonders gerne?
- »Es gibt kein schlechtes Wetter, nur unpassende Kleidung!«, so heißt es oft. Stimmen Sie dem Satz zu?
- Sind Sie wetterfühlig?
- Wie war das Wetter bei Ihrer Hochzeit?
- Wie ist das Wetter meistens an Ihrem Geburtstag?
- Wissen Sie etwas über das Wetter bei Ihrer Geburt?
- Wenn Sie morgen das Wetter machen könnten, wie würde es werden?

Dauer: ca. 30 Minuten
Material: die Fragen

ERGÄNZUNGSAUFGABE

WETTERREGELN ERGÄNZEN

Auf der Internetseite http://de.wikipedia.org/wiki/Bauernregel finden sich für jeden Monat des Jahres die bekanntesten Wetterregeln. Viele davon sind den alten Menschen gut bekannt. Benennen Sie für Ihre Gruppe jeweils nur den ersten Teil und lassen Sie das Ende der Wetterregel ergänzen. Das kann mündlich per Zuruf erfolgen oder auch schriftlich ergänzt werden. Beachten Sie bitte, dass es regionale Unterschiede in den Wetterregeln gibt.
Interessant ist übrigens, dass viele der Wetterregeln bei einer statistischen Untersuchung in hohem Maße zutreffend sind, sie also wirklich sehr häufig richtig liegen bei der Vorhersage des Wetters.

Januar	
Am Neujahrstage Sonnenschein	lässt das Jahr uns fruchtbar sein.
War bis zu Dreikönig kein rechter Winter,	dann kommt auch keiner mehr dahinter.
Ist Dreikönig hell und klar,	gibt's guten Wein im neuen Jahr.
Große Kälte am Antonitag (Antonius = 17. Januar)	nicht sehr lange halten mag.

Februar	
Wenn's zu Lichtmess stürmt und schneit, (Lichtmess = 2. Februar)	ist der Frühling nicht mehr weit.
Hat der Valentin Regenwasser, (Valentin = 14. Februar)	wird der Frühling noch viel nasser.
Hat Petri Stuhlfeier noch Eis und viel Ost, (Petri Stuhlfeier = 22. Februar)	dann bringt der Feber noch starken Frost.

März	
Märzen-Schnee	tut den Saaten weh.
Gibt's im März zu vielen Regen,	bringt die Ernte wenig Segen.
Mariä Verkündung hell und klar, (Mariä Verkündigung = 25. März)	ist ein Segen fürs ganze Jahr.
Ist zu Rupert der Himmel rein, (Rupert = 27. März)	wird er's auch im Juli sein.

April	
April, April	macht das, was er will.
Wenn der April bläst ins Horn,	steht es gut um Heu und Korn.
Hört Waltraud nicht den Kuckuck schrein, (Waltraud = 9. April)	dann muss er wohl erfroren sein.

Mai	
Mairegen	bringt Segen.
Ein Bienenschwarm im Mai	ist wert ein Fuder Heu.
Pankraz, Servaz, Bonifazi, (= Eisheilige, 12.–14. Mai)	drei frostige Lumpazi.
Ist der Mai kühl und nass,	füllt er dem Bauern Scheune und Fass.

Juni	
Menschensinn und Juniwind	ändern sich oft sehr geschwind.
Gibt's im Juni Donnerwetter,	wird g'wiss das Getreide fetter.
An St. Medardus wird ausgemacht, (Medardus = 8. Juni)	ob 40 Tage die Sonne lacht.
Hat Margret keinen Sonnenschein, (Margret = 10. Juni)	dann kommt das Heu nie trocken rein.
Wenn St. Barnabas bringt Regen, (Barnabas = 11. Juni)	dann gibt's reichen Traubensegen.
Das Wetter am Siebenschläfertag (Siebenschläfer = 27. Juni)	sieben Wochen bleiben mag.

Juli	
Bringt der Juli heiße Glut,	gerät auch der September gut.
Maria Heimsuch wird's bestellt, (Mariä Heimsuchung = 2. Juli)	wie's Wetter vierzig Tag', sich hält.
Wie's Wetter an St. Margaret, (Margareta = 13. Juli)	dasselbe noch vier Wochen steht.

August	
Stellt im August sich Regen ein,	so regnet's Honig und guten Wein.
Hitze an St. Dominikus – (Dominikus = 4./8. August)	ein strenger Winter kommen muss.
Wie das Wetter an Kassian, (Kassian = 13. August)	hält es viele Tage an.

September	
Am feinen Septemberregen	ist dem Bauern gelegen.
Wenn im September die Spinnen kriechen,	sie einen harten Winter riechen.
Wie das Wetter am Magnustag, (Magnus = 6. September)	so es vier Wochen bleiben mag.
Mariä Geburt (Mariä Geburt = 8. September)	fliegen die Schwalben fort.
Matthäus, wenn er weint, statt lacht, (Matthäus = 21. September)	Essig aus dem Wein er macht.

Oktober	
Viel Oktober-Regen	ist für die Felder ein Segen.
Regnet's an Sankt Dionys, (Dionysius = 9. Oktober)	wird der Winter nass gewiss.
Sankt Wolfgang Regen (Sankt Wolfgang = 31. Oktober)	verspricht ein Jahr voller Segen.

November	
Je mehr Schnee im November fällt,	desto fruchtbarer wird das Feld.
Hat der November einen weißen Bart,	wird der Winter lang und hart.
Bringt Allerheiligen einen Winter, (Allerheiligen = 1. November)	so bringt Martini einen Sommer.
Ist es um Martini trüb, (Martini = 11. November)	wird der Winter lind und lieb.

Dezember	
Auf kalten Dezember mit tüchtigem Schnee	folgt fruchtbar Jahr mit reichlich Klee.
Dezember mild, mit vielem Regen,	ist für die Saat kein großer Segen.
Fließt im Dezember noch der Birkensaft,	dann kriegt der Winter keine Kraft.
Weihnacht im Schnee –	Ostern im Klee.

Diese und weitere Wetterregeln finden Sie auf dieser Internetseite: http://de.wikipedia.org/wiki/Bauernregel

Dauer: 20 Minuten

Material: die Liste mit den Wetterregeln (siehe CD → Vorlagen → Wetterregeln)

ERZÄHLIMPULS

WETTEREXTREME

Regen Sie Ihre Runde dazu an, von Wetterextremen zu erzählen. Wann war es also beispielsweise im Winter besonders warm oder im Sommer besonders kalt? Erinnern Sie an die Sturmflut von 1962 oder die Schneekatastrophe von 1979. Lassen Sie die Teilnehmenden erzählen, wo sie zu der Zeit waren, was sie erlebt haben. Besonders in ländlichen Gebieten wird es sicher Erinnerungen an Frost im Juni oder an einen besonders lauen Februar geben.
Gestalten Sie das Gespräch so, dass zunächst an den Tischen die jeweiligen Runden davon erzählen. Bitten Sie im Anschluss darum, jeder Tisch möge die drei interessantesten Berichte noch einmal allen erzählen.

Dauer: ca. 30 Minuten

Material: keines

RATESPIEL

WETTEREXTREME

Lassen Sie die Gruppe zu folgenden Fragen raten, und hier ist wirklich RATEN gemeint, denn Wissen wird dazu eher nicht vorhanden sein. Damit dieses Rätsel etwas spannender wird, schlage ich vor, dass Sie die Antworten von den Teilnehmenden aufschreiben lassen. Wird das Rätsel nur mündlich gespielt, orientieren sich alle sehr schnell an der ersten Antwort. Lassen Sie Zeit zum Staunen und zum Austausch.

Frage	Antwort
Welches ist die höchste in Deutschland gemessene Temperatur?	40,2 Grad im Sommer 2003 an mehreren Orten in Süddeutschland
Welches ist die tiefste in Deutschland gemessene Temperatur?	Minus 37,8 Grad – gemessen am 12. Februar 1929 in Bayern
Wie viel Grad Temperaturunterschied sind es in Sibirien zwischen dem kältesten und dem wärmsten Tag?	Minus 70 Grad am kältesten Tag und 36,7 Grad Celsius am wärmsten Tag – also 106,7 Grad Unterschied!
Schätzen Sie die durchschnittliche Zahl der Regentage in Deutschland.	180 Tage
Welches ist die höchste Windgeschwindigkeit, die man auf der Zugspitze gemessen hat?	335 Stundenkilometer
Wie dick war das dickste jemals gefundene Hagelkorn?	14 cm Durchmesser mit einem Gewicht von 770 g
Wie hoch war die höchste Schneedecke auf der Zugspitze?	7,30 Meter
Wie viel Regen ist im Allgäu innerhalb von 8 Minuten schon einmal gefallen?	126 Liter

Die Informationen habe ich mit Hilfe der folgenden Internetseite zusammengetragen:

http://www.planet-wissen.de/natur_technik/klima/wetterphaenomene/wetterextreme.jsp

Dauer: 15 Minuten

Material: Fragen und Antworten (siehe CD → Vorlagen → Wetterextreme) und ggf. Papier und Stifte

SAMMELAUFGABE

WETTER-ABC

Fordern Sie die Teilnehmenden auf, zu jedem der gängigen Buchstaben des ABC einen zum Wetter passenden Ausdruck zu finden.
So könnte das Ergebnis aussehen:
Abendrot, Blitz, Cirruswolken, Donner, Eisregen, Frost, Gewitter, Hitze …

Dauer: ca. 10 Minuten

Material: ABC-Schablone (siehe CD → Vorlagen → ABC-Schablone)

KREATIVES

WETTERHAHN

»Kräht der Hahn auf dem Mist, ändert sich das Wetter oder es bleibt, wie es ist!«

Dieser Spruch darf natürlich beim Thema Wetter nicht fehlen.

Kopieren Sie für Ihre Teilnehmenden ein schönes Bild von einem Hahn in Schwarz-Weiß.

Zum Beispiel unter dieser Internet-Adresse finden Sie ein geeignetes Bild http://www.jetztmalen.de/img/der-hahn-b114.jpg.

Stellen Sie nun ausschließlich Buntstifte zum Malen zur Verfügung und regen Sie dazu an, man möge die Farben sehr kräftig auftragen. Wenn ein Teilnehmer das Bild nach seinen Vorstellungen ausgemalt hat, dann streichen Sie es auf der Rückseite mit Speiseöl ein. Dadurch wird das Papier durchscheinend und sieht aus wie ein Pergament. Es kann vor eine Lampe gestellt werden und sieht dann sehr dekorativ aus. Legen Sie das Bild nach dem Auftragen des Speiseöls noch eine Weile auf ausgebreitete Küchentücher, damit sich das Öl gut verteilt und das Bild beim Transport nicht so schmiert.

Dauer: 20 Minuten

Material: das kopierte Bild, Buntstifte, Speiseöl, breiter Pinsel, Küchenrolle zum Abtropfen

WISSENSVERMITTLUNG

WETTERHAHN IN DER CHRISTLICHEN DEUTUNG

Geben Sie die folgenden Informationen an die Gruppe weiter. Vielleicht können die Teilnehmenden noch eigenes Wissen ergänzen.

Für uns Christen hat der Hahn ja noch eine andere Bedeutung. Als Wetterhahn auf vielen Kirchen erinnert er an den Verrat des Petrus, der Jesus folgen wollte, ihn aber drei Mal verleugnete. Mit dem Krähen des Hahns erinnert sich Petrus an die Worte Jesu und schämt sich.
Es heißt aber auch, dass der Hahn mit seinem Krähen das Dunkel der Nacht und das Dunkel des Todes für beendet erklärt und so ein Zeichen für die Auferstehung darstellt.
Auf der Kirche in Wallenhorst gibt es sogar eine Henne, die dort oben angebracht wurde, damit sie weitere Kirchen »ausbrüten« soll.

Über die Kirche in Wallenhorst finden Sie hier weitere Informationen und Bilder: http://de.wikipedia.org/wiki/Alte_St.-Alexander-Kirche_(Wallenhorst)

Dauer: 10 Minuten

Material: die Informationen

MONATSTHEMA MAI:
Spielzeug

Erinnerungen an die Kindheit bereiten den älteren Menschen in der Regel viel Freude. Die hier angeregte Erinnerung an Spielzeug, Spiele, Spielmöglichkeiten und Kinderbücher machen sich diese Freude zunutze. Neben der Erinnerung an die Spiele der eigenen Kindheit soll aber auch der Bogen zu heutigem Spielzeug geschlagen werden. Wie schon häufiger angeregt, kann man in dieser Einheit auch die Arbeit mit dem PC und dem Internet anregen, bei der es ja auch schöne, unterhaltsame und anregende Spiele gibt, die manche der älteren Menschen gerne ausprobieren würden, wenn sie denn dazu Hilfestellung bekämen. Hier wäre ein Projekt gut denkbar, bei dem die Enkelgeneration den älteren Menschen den Computer mit all seinen Möglichkeiten näherbringt.

EIGENE ANNÄHERUNG AN DAS THEMA

Was für ein Verhältnis haben Sie zu Spielen und zum Spielen? Welche Spiele kennen oder haben Sie? Hat die Einrichtung, in der Sie arbeiten, Spiele für ältere Menschen in angemessener Größe? Ist ein Spielwarenladen in Ihrer Nähe, in dem Sie nach modernem Spielzeug fragen können, das man Ihnen für einen Nachmittag ausleiht? Haben Sie Spiele auf dem PC oder kennen Sie jemanden, der Ihnen dabei helfen könnte?

ERZÄHLIMPULS

Hier einige Fragen zum Einstieg in das Thema, die Sie nacheinander an die Gruppe stellen sollten. Sie können die Fragen auch auf Postkarten schreiben und die Rückseite mit Blättern aus einem Spielzeugkatalog bekleben. So lassen sich die Erinnerungen auch gut in kleineren Tischgruppen erarbeiten.

- Wer waren Sie, wenn »Vater, Mutter, Kind« gespielt wurde?
- An welche Kinderlieder erinnern Sie sich gut?
- An welche Kinderbücher denken Sie noch gerne zurück?
- Wann haben Sie als Kind etwas zum Spielen geschenkt bekommen?
- Welche Kartenspiele haben Sie gerne gespielt?
- Mussten Sie sich zum Spielen umziehen?
- Wie ging noch mal das Spiel »Himmel und Hölle«?
- Welche Spiele mit einem Faden oder einer Schnur kennen Sie?
- Was war in Ihrer Kindheit Ihr liebstes Spielzeug?
- Welche Spiele waren eher für den Sommer?
- Welche Namen haben Sie Ihren Puppen gegeben?
- Welches war Ihre Lieblingsmarke bei Spielzeugautos?
- Woraus hat man früher Spielzeug hergestellt, wenn es keines zu kaufen gab?
- Wann hatten Sie als Kind Zeit zum Spielen?
- Wie malt man das »Haus vom Nikolaus«?
- Welche Fingerspiele haben Sie als Kind kennengelernt?
- Welche Brettspiele mochten Sie gerne?
- Gab es in Ihrer Kindheit Spiele, die verboten waren?
- Welche Spiele gab es im Turnunterricht?

- Welche Abzählreime kennen Sie?
- Wo wurde das Spielzeug früher aufbewahrt?
- Welche Spiele waren eher für Mädchen, welche eher für Jungen?
- Was haben Sie mit Würfeln gespielt?
- Konnten Sie als Kind »verlieren«?

SAMMELAUFGABE

WELCHE SPIELE KENNEN SIE VON FRÜHER?

Lassen Sie zusammentragen, welche Spiele man früher gespielt hat. Regen Sie an, sich an Spiele für draußen und drinnen, alleine und mit mehreren zu erinnern. Und achten Sie darauf, dass etwa gleich viele Spiele für Mädchen und für Jungen gefunden werden.

So könnte die Liste aussehen:

- Verstecken
- Krieger
- Gummitwist
- Ticker
- Probe
- Hinke Pinke
- Völkerball
- Monopoli
- Mühle
- Dame
- Halma
- Schach
- Quartett
- Eisenbahn
- Ball über die Schnur
- Mensch, ärgere dich nicht!
- Knicker/Murmelspiele
- Schwarzer Peter
- Lego
- Kinderpost
- Kaufmannsladen
- Puppen
- Fischer-Baukasten

- Mikado
- Carrera-Autorennbahn
- Brummkreisel
- Seifenkisten-Rennen
- Drachen steigen lassen
- Cowboys und Indianer
- Räuber und Gendarm
- Spitz, pass auf!
- Seilspringen
- Plumpssack
- Blinde Kuh
- Reise nach Jerusalem
- Ich sehe was, was du nicht siehst
- Teekesselchen
- Schattenspiele

Sie können die genannten Spiele auf einem Flipchart aufschreiben, dann können alle besser mitverfolgen, welches Spiel schon genannt wurde. Bei ungewöhnlichen Nennungen regen Sie an, man möge von dem Spiel erzählen, das Spielfeld beschreiben und die Regeln erklären.

Dauer: ca. 20 Minuten

Material: ggf. Flipchart

ERINNERUNG UND AUSPROBIEREN/ AKTIVIERUNG

FADENSPIELE

Zu einigen Fragen ist es schön, das Material dabeizuhaben, mit dem man gespielt hat. Beispielsweise bei den Fadenspielen erinnere ich mich gerne an das »Abnehmen«, bei dem über den Fingern beider Hände Fäden gespannt waren, die der Spielpartner in verschiedenen Mustern abnehmen konnte. Die Muster hatten Namen wie »Matratze« und »Hängebauch«.
Diese Internetseite http://hilgemeier.gmxhome.de/fadenspiele/index.html enthält dazu vielfältige Informationen mit Anschauungsbildern und Anleitungen.
Halten Sie gerne bunte Fäden bereit, mit denen die Spiele noch einmal neu versucht werden können.

Dauer: ca. 20 Minuten

Material: Fäden in ausreichender Länge

SPIELEN

HIMMEL UND HÖLLE

Dieses alte Kinderspiel wird auf dieser Internetseite gut beschrieben: http://www.labbe.de/zzzebra/index.asp?themaid=266

Sie können es in einer veränderten Variante auch mit den Senioren spielen. Entweder auf dem Tisch oder auf dem Fußboden wird mit Tesa-Krepp das Grundmuster für das Spielfeld aufgeklebt. Dann erhalten alle Spielerinnen und Spieler 5 Münzen zu je 1 Cent. Wer die meisten Münzen in den Himmel schubsen kann, hat gewonnen. Zur besseren Unterscheidung der Würfe der einzelnen Spieler können Sie auch bunte Plastikplättchen verwenden, die es zum Beispiel beim Spiel Reversi gibt.

Dauer: 15 Minuten

Material: Münzen oder bunte Plättchen, Tesa-Krepp für das Gerüst

INFORMATION UND AUSTAUSCH

SPIELE AUS ANDEREN LÄNDERN

Wenn Ihr Ort einen Eine-Welt-Laden hat, gibt es dort sicher auch Spiele aus Afrika oder aus Asien. Zeigen Sie die Spiele und lassen Sie die alten Menschen ausprobieren, ob sie Freude machen. Vielleicht können Sie auch Menschen anderer Nationalitäten in Ihre Gruppe einladen, die von Spielen aus ihrer Kindheit erzählen.

Dauer: ca. 30 Minuten

Material: Spiele aus anderen Ländern

ERZÄHLIMPULS UND AUSTAUSCH

EIN SPIELZEUG MITBRINGEN

Wenn Sie Gelegenheit haben, die Gruppe vorher zu sehen, oder ihr eine Nachricht schicken können, fordern Sie dazu auf, altes Spielzeug von zu Hause mitzubringen, das dann beim Treffen gezeigt und vorgestellt werden kann. Lassen Sie viel Zeit, damit die Teilnehmenden von ihren Spielen und den damit verbundenen Erinnerungen erzählen können. Wenn Sie mögen, besorgen Sie sich auch modernes Spielzeug unterschiedlicher Qualität, damit die unterschiedlichen Spiele miteinander verglichen werden können.

Der Vergleich kann unter dieser Fragestellung erfolgen:
Wenn Sie Ihre Kinderspiele mit denen heutiger Kinder vergleichen, was fällt Ihnen auf und wie bewerten Sie diese Veränderung? War es früher schöner oder ist es heute schöner, ein spielendes Kind zu sein?

Wenn die Ausstellung entsprechend viele Stücke präsentiert, ist das wieder einmal eine gute Gelegenheit, eine Kindergruppe in den Kreis einzuladen. Dann können Jung und Alt miteinander sprechen und spielen. Vergessen Sie bei einer solchen Aktion nicht, einen Fotoapparat mitzunehmen, damit davon Aufnahmen gemacht werden können.

Dauer: ca. 45 Minuten, bei Einladung einer Kindergruppe länger

Material: die mitgebrachten Spielsachen, eventuell kleine Schilder mit den Namen der Spiele und der Besitzer

ERGÄNZUNGSSPIEL

KINDERREIME

Fast ein eigenes Thema wären Kinderreime. Schreiben Sie dazu den Anfang der Reime auf Kärtchen und teilen Sie diese aus. Schnell und leicht wird die Gruppe die Reime ergänzen können.

Anregungen dazu finden Sie auch auf dieser Internetseite: http://www.kinderspiele-welt.de/fingerspiele/kinderreime.html

Hier aber für den Anfang einige Anregungen für Sie:

Heile, heile Segen …
Ri, Ra, Rutsch …
Das ist der Daumen …
Das ist der Vater …
Hier haste 'nen Taler …
Zehn kleine Zappelmänner …
Holle Bolle Reiter …
Morgens früh um sechs …
Ri, Ra, Runkel …

Weitere Abzählreime finden die Teilnehmenden sicherlich selbst. Lassen Sie auch davon erzählen, welche Bewegungen man dazu machte.

Dauer: ca. 15 Minuten

Material: die Anfänge der Reime und ggf. Informationen von der Internetseite

ERZÄHLIMPULSE UND ERGÄNZUNGEN

ABZÄHLREIME

Beinahe nahtlos ist der Übergang zu Abzählreimen, mit denen man ermittelte, wer anfangen durfte, wer suchen musste, wer ausscheiden musste. Auch hier genügt es, nur die Anfänge aufzuschreiben oder zu benennen.

Ene mene muh …
Ene mene Tintenfass …
Eins, zwei, drei, vier, fünf, sechs, sieben …

Fragen Sie Ihre Senioren, an welche Abzählreime sie sich noch erinnern. Es gibt da auch einige derbe, die lieber von der Gruppe als von Ihnen kommen sollten.

Diese Internetseite hilft Ihnen beim Finden weiterer Reime: http://www.kinderspiele-welt.de/fingerspiele/abzaehlreime.html

Lassen Sie auch davon erzählen, bei welchen Spielen man solche Abzählreime braucht. Fragen Sie zum Beispiel: Erinnern Sie sich an das ungute Gefühl, das immer dann aufkam, wenn man als Letzter oder Letzte übrig blieb?

Dauer: 15 Minuten

Material: keines

KINDERBÜCHER

Tragen Sie mit den Teilnehmenden zusammen, welche Kinderbücher man als Kind angeschaut oder später gelesen hat. Vielleicht haben einige noch ein Buch zu Hause und mögen es mitbringen. Verraten Sie die Titel nicht zu früh, sondern lassen Sie den Teilnehmenden Zeit, sich selbst zu erinnern. Sie können auch den Inhalt des jeweiligen Buches kurz erzählen. Es macht mehr Spaß, selbst auf die Titel zu kommen.
Diese Bücher werden möglicherweise genannt:

- Heidi
- Der Schatz im Silbersee, Winnetou (und weitere Werke von Karl May)
- Prinz Eisenherz
- Ivanhoe
- Frühling im Försterhaus (auch mit den anderen Jahreszeiten)
- Horst wird Förster
- Hanni und Nanni (diverse Titel)
- Fünf Freunde (diverse Titel)
- Der Prinz und der Bettelknabe
- Pünktchen und Anton
- Nesthäkchen
- Nesthäkchen und ihre Puppen
- Nesthäkchens erstes Schuljahr
- Nesthäkchen im Kinderheim
- Nesthäkchen und der Weltkrieg
- Nesthäkchens Backfischzeit

- Nesthäkchen fliegt aus dem Nest
- Nesthäkchen und ihre Küken
- Nesthäkchens Jüngste
- Nesthäkchen und ihre Enkel
- Nesthäkchen im weißen Haar
- Das fliegende Klassenzimmer
- Emil und die Detektive
- Pippi Langstrumpf
- Das doppelte Lottchen
- Ferien auf Immenhof
- Räuber Hotzenplotz
- Der starke Wanja
- In 80 Tagen um die Welt
- Försters Christel und ihre Tiere (diverse weitere Titel)
- Robinson Crusoe
- Gullivers Reisen
- Oliver Twist
- David Copperfield
- Onkel Toms Hütte
- Die Kinder von Bullerbü
- Ferien auf Saltkrokan
- Michel aus Lönneberga
- Tarzan (div. Titel)
- Dackel Haidjer
- Billy Jenkins
- Tom Prox
- Tom Sawyer und Huckleberry Finn
- Karlsson vom Dach

Wenn Sie dazu die Möglichkeit haben, besorgen Sie einige der alten Bücher, die dann an den Tischen herumgegeben und angeschaut werden können. Schön ist es auch, ein solches altes Buch in Ausschnitten vorzulesen. Wenn Sie die Aufgabe in Kleingruppen erarbeiten lassen, könnte doch die Gruppe, die die meisten Bücher gefunden hat, aussuchen, welches verfilmte Buch die Gruppe in nächster Zeit einmal gemeinsam als Film anschauen soll.

Dauer: 30 Minuten

Material: die Liste mit den Büchern und ggf. einige alte Bücher

MONATSTHEMA JUNI: Namen sind Schall und Rauch?

Der eigene Name gehört ganz eng zu jedem Menschen. Unzählige Male hat man ihn gehört, liebevoll geflüstert, ärgerlich gerufen, forsch, sanft, laut und leise. Viele Menschen wissen, was der eigene Name bedeutet, andere freuen sich, das zu erfahren. Auch die Namen der Kinder und Enkel oder die Namen von Freunden lassen sich in das Gespräch und die methodische Gestaltung einbeziehen. Die intensive Beschäftigung mit den jeweiligen Vornamen der Teilnehmenden verhilft darüber hinaus dazu, dass sich wirklich alle beim Namen nennen können.

EIGENE ANNÄHERUNG AN DAS THEMA

Welche Vornamen mögen Sie gerne, welche eher nicht?
Welche Vornamen haben Sie Ihren Kindern gegeben?
Was halten Sie von ganz ausgefallenen Namen, die man immer erst buchstabieren muss? Wie geht es Ihnen mit Ihrem eigenen Namen? Wie viele Vornamen haben Sie und von wem haben Sie diese? Haben Sie einen Spitz- oder Kosenamen, den Sie auch verraten mögen?

ERZÄHLIMPULS

ERZÄHLIMPULS ZUR ERÖFFNUNG DES THEMAS

Welche berühmten Menschen tragen Ihren Vornamen?
Was bedeutet Ihr Vorname?
Hat Ihr Name in Ihrer Familie Tradition?
Erzählen Sie von ungewöhnlichen Namen wie Steinhart Eisenkeil oder Pische Blumentritt
Kennen Sie auch die Bedeutung Ihres Nachnamens?
Haben Sie einen Spitz- oder Kosenamen, den Sie uns verraten mögen?

Dauer: je nach Gruppengröße 15–30 Minuten

Material: die Fragen

MITGEBSEL

BEDEUTUNG DES NAMENS

Nehmen Sie sich die Namensliste Ihrer Teilnehmenden vor und suchen Sie für jeden Vornamen, der in der Gruppe vorkommt, die Bedeutung heraus. Schreiben Sie die Namenserklärung auf ein Kärtchen, das Sie den Teilnehmenden mit nach Hause geben können. Halten Sie ein Namenslexikon oder einen Internetzugang bereit, damit Sie ggf. Ergänzungen vornehmen können, falls jemand neu in die Runde kommt oder Sie jemanden vergessen haben. Gerne fragen die Teilnehmenden auch nach der Bedeutung der Namen ihrer Kinder oder Enkelkinder; da ist es schön, wenn Sie Antwort geben können.

Dauer: Das Verteilen geht schnell, aber Sie brauchen viel Zeit zur Vorbereitung

Material: die vorbereiteten Kärtchen mit den Namenserklärungen

HUMOR UND SAMMELAUFGABE

KURIOSE VOR- UND NACHNAMEN IN VERBINDUNG

In jeder Gegend gibt es auch solche Nachnamen, die in Verbindung mit den Vornamen kuriose Klänge haben. Auf dieser Internetseite finden Sie eine ganz Liste solcher Verbindungen, die zum Lachen anregen. http://www.kooltur.de/ Ein Arzt, der Frank N. Stein heißt, muss sicherlich viel Spott über sich ergehen lassen. Auch Claire Grube wird ein Lied davon singen können. Reiner Ernst und Dieter Rasse, Martha Pfahl und Konstantin Opel – auch sie lassen uns schmunzeln. Vielleicht findet die Gruppe weitere Namensverbindungen, die lustig zu lesen und auszusprechen sind. Die Rechtschreibung müssen Sie dazu nicht weiter beachten. Es kommt auf die Aussprache und den Klang an.

Dauer: 15 Minuten

Material: ggf. die Angaben auf der Internetseite oder auch ein Telefonbuch zum Suchen

SAMMELAUFGABE

BERUFE UND NACHNAMEN

Lassen Sie die Gruppe solche Nachnamen zusammensuchen, die sich auf Berufe beziehen. Fassen Sie dabei jeweils unterschiedliche Schreibweisen, die sich im Laufe der Zeit ergeben haben, zusammen. So könnte die Liste aussehen:

- Bäcker
- Schuhmacher
- Schuster
- Schneider
- Salzsieder
- Böttcher
- Stellmacher
- Töpfer
- Schulze
- Schmidt
- Müller
- Weber
- Bauer
- Pastor
- Gärtner
- Köster
- Schmitz
- Jäger
- Förster
- Riemschneider
- Sattler
- Seiler
- Metzger
- Schlachter
- Krüger
- Arzt
- Glöckner

Dauer: 15 Minuten

Material: die Liste mit den Namen, die auch Berufe sind, und ggf. ein Flipchart und Stifte zum Aufschreiben

HUMOR

VERBINDUNGEN ZWISCHEN NAMEN UND BERUFEN

Ein Zahnarzt, der mit Nachnamen Karies heißt, braucht sich um seine Patienten keine Sorgen zu machen. Eine Hebamme mit dem Nachnamen Storch und ein Sportlehrer namens Hantelmann, die gibt es wirklich. Auch einen Pfarrer mit dem

Nachnamen de Jesus und einen Augenoptiker namens Ohren findet man.

Auf dieser Internetseite finden Sie weitere humorvolle Verbindungen zwischen Nachnamen und Berufen: http://www.unmoralische.de/namen/dumme_namen.htm

Sicherlich kennen die Teilnehmenden auch aus dem eigenen Bekanntenkreis solche witzigen Kombinationen, die selbstverständlich auch benannt werden sollen. Sie können das gut an den Tischen in Kleingruppen vorbereiten lassen und dann die Ergebnisse von den älteren Menschen präsentieren lassen.

Dauer: 20 Minuten

Material: Papier und Stifte

ZUM NACHDENKEN

ZITATE IM ZUSAMMENHANG MIT NAMEN

Vergib deinen Feinden, aber vergiss niemals ihre Namen.

John F. Kennedy

Wer zu laut und zu oft seinen eigenen Namen kräht, erweckt den Verdacht, auf einem Misthaufen zu stehen.

Otto von Leixner

Ich kam nach Hollywood, ohne meine Nase korrigiert, die Zähne überkront und meinen Namen geändert zu haben. Das befriedigt mich wirklich.

Barbra Streisand

Einen Namen hat der Mensch seit Geburt und Taufe, doch geschätzt wird er nach dem Namen, den er sich gemacht hat.
Lothar Schmidt

Schreiben Sie die Sprichwörter in großer Schrift auf und befestigen Sie die Zettel an der Wand, sodass alle sie gut lesen können! Regen Sie an, darüber ins Gespräch zu kommen!

Dauer: 15 Minuten
Material: groß aufgeschriebene Zitate

SAMMELAUFGABE

EIN VORNAME – MEHRERE NACHNAMEN

Geben Sie der Gruppe jeweils einen Vornamen vor und lassen Sie dazu mehrere Nachnamen berühmter Menschen ergänzen! Ob sich alle Namensträger wirklich in derselben Weise schreiben oder aussprechen, sollte nicht so wichtig sein. Sie können diese Aufgabe per Zuruf lösen lassen oder wieder an den Tischen in Kleingruppen dazu arbeiten.

Hier einige Vornamen, mit denen diese Übung ganz gut gelingt:

- Michael – Kohlhaas, Gorbatschow, Stich, Schumacher
- Rita – Süssmuth, Pavone, Levi Montalcini, Hayworth
- Viktor – Hugo, Flemming, Klemperer, Laszlow
- Richard – Gere, Löwenherz, Burton, Nixon, von Weizsäcker
- Martin – Luther, Luther King, Heidegger, von Tours, Niemöller
- Marianne – Sägebrecht, von Weizsäcker, Koch

- Friedrich – Schiller, Barbarossa, Schleiermacher
- Gustav – Knuth, Gründgens, Mahler
- Elisabeth – Schwarzkopf, Flickenschildt, Taylor
- Stefan – Raab, Derrick, Zweig
- Dieter – Bohlen, Nuhr, Krebs
- Konrad – Adenauer, Duden, Röntgen
- Katharina – die Große, Valente, von Siena, Thalbach
- Helmut – Kohl, Schmidt, Karasek, Käutner
- Boris – Becker, Jelzin, Pasternak

Dauer: 15 Minuten
Material: ggf. Papier und Stifte

ERZÄHLIMPULS

ICH UND SIE – SIE UND ICH

Erst wenn ich den Namen eines Menschen kenne, kann ich mit ihm eine Beziehung eingehen. Die Seniorenarbeit ist immer auch Beziehungsarbeit, und dabei ist es wichtig, auch Informationen von sich selbst preiszugeben. Das folgende Spiel muss naturgemäß jeder und jede für sich selbst erstellen. Überlegen Sie sich gut, welche Details aus Ihrem Leben Sie erzählen mögen. Einmal preisgegeben, ist es nicht mehr zurückzunehmen. Ich zeige Ihnen hier, wie ich es gemacht habe. Der Impuls eignet sich gut zum Kennenlernen und Vertiefen.

- Ich heiße Rita Gretchen. Welche weiteren Namen haben Sie?
- Ich reise gerne nach Italien. Wie ist das bei Ihnen?

- Ich mag am liebsten Katzen. Welche Tiere mögen Sie gerne?
- Ich bin auf dem Land groß geworden. Wie ist das bei Ihnen?
- Ich bin von Beruf Diakonin. Was haben Sie gelernt?
- Ich bin seit fast 27 Jahren verheiratet. Wie ist das bei Ihnen?
- Mein erstes Auto war ein roter Käfer. Was für ein Auto hatten Sie?
- Ich spreche Plattdeutsch. Wo sütt dat bi Se ut?
- Ich schwimme im Sommer gerne. Wie ist das bei Ihnen?
- Meine Mutter kommt aus Schlesien. Woher kommt Ihre Mutter?
- Mein Vater ist Schuhmacher. Was war Ihr Vater von Beruf?
- Ich habe keine Kinder. Wie ist das bei Ihnen?
- Ich freue mich auf den Sommer. Wie ist das bei Ihnen?
- Rosen sind meine Lieblingsblumen. Wie ist das bei Ihnen?
- Mein Mann ist Pastor. Was war/ist Ihr Mann/Ihre Frau von Beruf?

Dauer: je nach Gruppengröße

Material: Die von Ihnen selbst erstellten Informationen über sich selbst, bei Kleingruppenarbeit für alle Tische kopiert

ERZÄHLIMPULS

GEBURTSTAG

Eng mit dem Namen verbunden ist der eigene Geburtstag. Suchen Sie sich viele verschiedene Grußkarten zum Geburtstag, kleben Sie die Rückseite ab, sodass man den Text nicht mehr lesen kann, und schreiben Sie die folgenden Fragen auf die

Rückseite. Die Gruppe sitzt um einen Tisch herum. Die bunten Karten liegen auf dem Tisch und die Teilnehmenden werden gebeten, je eine Karte umzudrehen. Nun erzählt zunächst der Spieler, der die Karte genommen hat. Dann geht die Frage an die ganze Runde weiter. Hier nun die Fragen, die die Gruppe gut miteinander ins Gespräch bringen:

FRAGEN

- Was war in Ihrem Geburtsjahr auf der Welt los?
- An welchem Wochentag sind Sie geboren?
- Welche Feste fallen in den Monat Ihres Geburtstages?
- Wie alt wurde der älteste Mensch, den Sie kennen?
- Wer hat am gleichen Tag wie Sie Geburtstag?
- Wie gestalten Sie Ihren Geburtstag gerne?
- Wo sind Sie geboren?
- Erzählen Sie von Ihrem 50. Geburtstag.
- Zu welcher Uhrzeit wurden Sie geboren?
- Unter welchem Sternzeichen wurden Sie geboren?
- Durften Sie sich zum Geburtstag ein besonderes Essen wünschen?
- Wann haben Sie Geburtstag?
- Was für Geschenke gab es früher zum Geburtstag?
- Wie wurde früher ein Kindergeburtstag gefeiert?
- Wie halten Sie es mit der Geburtstagspost?
- Haben Sie schon einmal ein Ständchen zum Geburtstag bekommen? Erzählen Sie davon.
- Herzlichen Glückwunsch – Viel Glück – Gottes Segen – Alles Gute – was wünschen Sie einem Geburtstagskind?

- Wie gefällt Ihnen die Gestaltung der Geburtstage hier im Haus?
- Selbst gepflückt oder gekauft – wie finden Sie Blumensträuße zum Geburtstag schöner?
- Welches Geburtstagsessen wünschen Sie sich?

Dauer: 45 Minuten

Material: die Karten mit den Fragen

ERZÄHLIMPULS

GEBURTSTAGSBRÄUCHE

In den letzten Jahren haben sich viele kuriose Bräuche zu Geburtstagen herausgebildet. Fragen Sie die Teilnehmenden, welche solcher Bräuche sie kennen. So könnten die Antworten aussehen:

- Zum 14. Geburtstag bekommen Jungen und Mädchen Milch oder Joghurt auf den Kopf geschüttet und sind nun ein Milchbubi oder ein Milchmädchen.
- Zum 16. Geburtstag gibt es, meist auf dem Schulweg, Mehl auf den Kopf. Nun ist man paniert.
- Zum 18. Geburtstag schlägt man dem Geburtstagskind rohe Eier auf den Kopf.
- Zum 25. Geburtstag bekommt ein Mann einen Kranz aus kleinen Flaschen; er ist nun eine alte Flasche. Eine Frau bekommt einen Kranz aus alten Schachteln; sie ist nun eine alte Schachtel.
- Zum 30. Geburtstag muss ein noch unverheirateter Mann die Rathaustreppen oder die Domtreppen fegen, bis ihn eine Jungfrau freiküsst. Eine noch unverheiratete Frau muss im Rathaus die Klinken putzen.
- Zum 40. Geburtstag muss ein immer noch unverheirateter Mann verkehrt herum auf einem Esel durch das Dorf reiten. Er gilt als alter Esel.
- Zum 50. Geburtstag feiert ein Mann das Abrahamsfest. Er erhält eine Puppe, die Abraham darstellt. Dieser Brauch bezieht sich auf eine Stelle im Johannesevangelium, bei der Jesus gefragt wird, wie es sein kann, dass er noch keine 50 Jahre alt ist und doch Abraham gesehen haben will. (Joh. 8,57) Eine Frau bekommt eine Sarah-Puppe, wenn sie 50 Jahre alt wird. Dieser Brauch kommt vor allem in Schlesien und im Ruhrgebiet vor.

Weitere Infos finden Sie auf dieser Internetseite: http://www.die-geburtstagsrede.de/braeuche-zum-geburtstag.html

Lassen Sie Ihre Teilnehmenden vor allem auch von früheren Bräuchen rund um den Geburtstag erzählen. Oder fragen Sie danach, wie man den eigenen Geburtstag gerne gestaltet. Sicherlich freuen sich die Teilnehmenden, wenn Sie als Leitung am Geburtstag ein Kärtchen an das Geburtstagskind schreiben oder es beim nächsten Treffen mit einer kleinen Aufmerksamkeit erwähnt wird, dass jemand Geburtstag hatte. Vielen macht es Freude, sich ein Lied zum Geburtstag wünschen zu dürfen.

Dauer: 20 Minuten

Material: die oben beschriebenen Bräuche

KREATIVES

ALLE NAMEN DER TEILNEHMENDEN IN EINEM KREUZWORTRÄTSELGITTER

Tragen Sie alle Vornamen der Teilnehmenden zusammen und fügen Sie diese gemeinsam in ein Gitter wie bei einem Kreuzworträtsel. Das so entstandene Bild kann zum Erkennungszeichen für den Kreis werden.

Dauer: 20 Minuten

Material: ein vorbereitetes Gitter (siehe CD → Vorlagen → Kreuzworträtselgitter) wie bei Kreuzworträtseln in mehreren Kopien, Stifte

		R			K				S
	M	I	C	H	A	E	L		U
		T			R		U	R	S
		A			L		I		I
J			I				S		
A			W	E	R	N	E	R	
N	I	N	A		I			I	
			N		A		J	A	N

MITGEBSEL

INITIALEN WIE IN ALTEN STICKEREIEN

R K

Stellen Sie für Ihre Teilnehmenden mit einer schönen Computerschrift deren Initialen zusammen, sodass sie einzeln ausdruckbar sind. Legen Sie jedem Teilnehmenden ein Kärtchen mit seinen Buchstaben auf den Tisch. Sie können daraus auch eine Banderole für die Serviette herstellen.

Dauer: das Verteilen geht schnell, Sie benötigen aber einiges an Vorbereitungszeit

Material: die Initialen für alle Teilnehmenden und einige in Reserve, ggf. Papier für die Banderolen

KREATIVES UND ERZÄHLIMPULS

AKROSTICHON ZUM EIGENEN NAMEN

Erklären Sie den Teilnehmenden, was ein Akrostichon ist, nämlich die Nutzung der Buchstaben, zum Beispiel eines Namens, um daraus einen Vers oder eine Reihe von Eigenschaften zu bilden, was wiederum hilft, sich den Namen oder die Reihenfolge besser merken zu können. Fordern Sie dazu auf, solch ein Akrostichon zum eigenen Vor- und Nachnamen zu erstellen. Nach einer angemessenen Zeit der Einzelarbeit stellen die Teilnehmenden einander die Ergebnisse vor.

Nun können Sie noch zusammen ein Akrostichon zum Namen des Kreises oder der Gruppe erfinden, das für einige Zeit schön aufgeschrieben in dem Raum zu finden ist, in dem sich die Gruppe trifft. Es eignet sich auch gut, um Werbung für die Gruppe zu machen. So könnte das Ergebnis aussehen:

S	ympathisch
E	nergiegeladen
N	ett
I	nteressiert
O	ptimistisch
R	ege
E	rzählfreudig
N	iemals nörgelig
K	urzweilig
R	eisefreudig
E	rfrischend
I	nitiativ
S	ensibel

Dauer: 20 Minuten

Material: Papier und Stifte für den eigenen Namen der Teilnehmenden, ein Flipchart für das Akrostichon zum Namen des Kreises, ggf. später als Logo zu verwenden (siehe CD → Vorlagen → Wortergänzung Seniorenkreis)

VORNAME – NACHNAME – BERUF

Wählen Sie einige berühmte Menschen aus, die sich vor allem auch durch ihren Beruf auszeichnen. Schreiben Sie auf Kärtchen die Vornamen, die Nachnamen und den Beruf auf und schneiden Sie die Kärtchen aus. Dann hat die Gruppe die Aufgabe, die kleinen Kärtchen in die richtige Reihenfolge zu legen.
Diese Namen und Berufe eignen sich gut:

Vorname	Nachname	Beruf
Enrico	Caruso	Sänger
Immanuel	Kant	Philosoph
Eduard	Mörike	Dichter
Yehudi	Menuhin	Geiger
Ferdinand	Sauerbruch	Chirurg
Marie	Curie	Physikerin
Heinz	Rühmann	Schauspieler
Thomas	Gottschalk	Entertainer
Ludwig	Güttler	Trompeter
Gotthilf	Fischer	Chorleiter
Marika	Röck	Tänzerin
Michael	Schumacher	Rennfahrer
Albert	Schweitzer	Arzt
Martin	Luther	Reformator

Nikolaus	Kopernikus	Astronom
Boris	Becker	Tennisspieler
Marika	Kilius	Eiskunstläuferin
Willi	Millowitsch	Schauspieler

Wenn Ihnen die Kärtchen zu klein und unübersichtlich erscheinen, dann können Sie die Liste auch so gestalten, dass Sie beispielsweise alle Vornamen und alle Berufe streichen und dann diese Liste zum Vervollständigen austeilen.
Gut denkbar ist es auch, dass die Teilnehmenden in Kleingruppen eigene Persönlichkeiten aufschreiben, die dann nach der Vorbereitungszeit im Uhrzeigersinn an die nächste Gruppe weitergegeben werden, die dann die Lösungen erarbeiten soll.

Dauer: 20 Minuten

Material: die Kärtchen und/oder Papier und Stifte für die eigene Erarbeitung (siehe CD → Vorlagen → Namen und Berufe)

MONATSTHEMA JULI:
Wasser ist zum Waschen da

Die Sommermonate gehören zur Reisezeit, und viele von uns zieht es ans Meer. Wasser ist eines unserer Elemente, und in dieser Einheit biete ich Ihnen vielfältige Methoden an, über alles ums Wasser ins Gespräch zu kommen. Es sind einige ungewöhnliche Methoden dabei (zum Beispiel die Meditation), aber alles ist in bewährter Weise von mir ausprobiert und erst dann aufgeschrieben worden.

EIGENE ANNÄHERUNG AN DAS THEMA

An welchen Meeren und Seen sind Sie schon gewesen? Welche Wassersportarten kennen Sie? Haben Sie in Ihrer Nähe ein Wasserwerk oder eine DLRG-Gruppe, die Sie einladen oder um Informationsmaterial bitten können?

GESPRÄCHSIMPULS

ZUM EINSTIEG IN DAS THEMA

Stellen Sie Ihren Teilnehmenden das Thema kurz vor und laden Sie dann mit den folgenden Fragen dazu ein, von eigenen Erfahrungen rund um das Wasser zu erzählen. Sie können die Fragen einfach so nacheinander stellen oder vielleicht in vielen verschiedenen Blautönen auf Kärtchen schreiben, die dann an den Tischen dazu benutzt werden, über das Thema zu sprechen.

Hier die Fragen:

- Erzählen Sie von einem Tag am Meer!
- Erzählen Sie von einem Urlaub am Wasser!
- Wo und von wem haben Sie schwimmen gelernt?
- Erzählen Sie von einem besonderen Regenguss!
- Erzählen Sie von einer langen Dürreperiode!
- Welchen Strand mögen Sie gerne?
- Welches ist Ihr Lieblingsgetränk?
- Erzählen Sie, wie früher in Ihrer Familie ein Badetag verlief!

Dauer: 30 Minuten

Material: die Fragen, ggf. auf Kärtchen

GLASSCHÜSSEL

Nehmen Sie eine Glasschüssel, die möglichst eine große Standfläche hat. Füllen Sie Wasser hinein und stellen Sie die Schüssel auf einen Overheadprojektor, den man anschaltet, sodass Wasser sich auf der Projektionsfläche abzeichnet. Wer mag, kann zu dem folgenden Vorgang noch meditative Musik einschalten. Nun müssen Sie warten, bis sich das Wasser, das ja durch den Transport und das Einfüllen in Bewegung gekommen ist, wieder beruhigt hat. Ist das der Fall, nehmen Sie zwei oder drei verschiedenfarbige Tinten. Am besten geht das mit Patronen, die man vorsichtig ansticht, um sie zu öffnen. Nun drückt man einen Tropfen zum Beispiel blaue Tinte heraus, die sich in dem Wasser langsam mit Schlieren und Wölkchen ausbreitet. Der Overheadprojektor sorgt dafür, dass die Teilnehmenden dieses Geschehen gut mitverfolgen können. Ist die blaue Tinte gut im Wasser verteilt, kann man zum Beispiel rote Tinte auf die gleiche Weise hinzufügen. Auch diese verteilt sich und bildet Schlieren, Wölkchen, um dann nahezu völlig aufgelöst zu sein. Wer mag, kann das noch mit einer dritten Farbe wiederholen oder noch einmal die erste Tintenfarbe eintropfen lassen.

Das ist erst einmal ganz schön anzusehen und bringt, vielleicht zusammen mit der Musik, Ruhe in die Gruppe. Dann kann die Leitung noch einige Gedanken dazu entfalten, etwa so:

Am Anfang unseres Lebens sind wir noch ziemlich frei von Erfahrungen. Alles, was wir im Laufe unseres Lebens aber dann erfahren, erleben, hören, fühlen, hinterlässt Spuren in uns. Wenn etwas gerade erst passiert ist, geht das manchmal mit ziemlich viel Aufruhr einher. Manches verdunkelt auch unsere Oberfläche. Nach und nach setzt es sich in uns, was wir da erfahren oder erlebt haben. Es ist nicht mehr so präsent, aber es ist noch da. Und es lässt uns nie wieder ganz los. Gute und schlechte Erfahrungen bleiben uns erhalten, prägen uns, auch wenn wir uns an manche im Einzelnen nicht mehr erinnern können. Wir haben uns verändert, und diese Veränderung bleibt in uns.

Im Anschluss an diese Gedanken können Sie die Gruppe nach besonderen Erfahrungen fragen, zum Erzählen einladen oder auch einfach diese meditative Einheit so stehen lassen.

Dauer: 15 Minuten

Material: Glasschüssel, Wasser, verschiedenfarbige Tinte, etwas zum Aufstechen der Patronen, ggf. meditative Musik und ein Abspielgerät

INFORMATIONEN

Im Internet finden Sie vielfältige Informationen zum Thema Wasser. Die Seite http://de.wikipedia.org/wiki/Wasser gibt einen guten Überblick und führt zu weiteren Gedanken.

LIED UND/ODER GEDICHT

WASSER IST ZUM WASCHEN DA

Dieses spaßige Lied ist vielen älteren Menschen bekannt. Sie können es singen oder den Text auch wie ein Gedicht vorlesen.

Sie finden es auf dieser Internetseite http://www.songtexte.bz/104398-Die-Drei-Peheiros-Wasser-Ist-Zum-Waschen-Da-songtexte.html. Eine kreative Gruppe findet gewiss auch eigene weitere Reime zum Thema. Geben Sie dazu Anfänge vor, wie diese:

Wasser rauscht in einem Fluss ...
Wasser regnet sanft und still ...
Wasser reinigt mir den Kopf ...
Wasser putzt mir Haus und Hof ...
Wasser löscht uns unsern Durst ...
Wasser zischt in meinem Topf ...
Wasser tropft von einem Baum ...
Wasser fehlt, wo Wüste ist ...

Dauer: 5–10 Minuten
Material: den Liedtext in Kopien, ggf. die weiteren Reimanfänge

SAMMELAUFGABE

SPRÜCHE UND WEISHEITEN ZUM WASSER

Lassen Sie die Teilnehmenden viele Sprüche suchen, in denen Wasser vorkommt. Hier einige Tipps zum besseren Start:

- Stille Wasser sind tief.
- Wasser predigen und Wein trinken.
- Steter Tropfen höhlt den Stein.
- Grabe den Brunnen, ehe du durstig wirst.
- Durst macht aus Wasser Wein.
- Mairegen macht schön.

- Wasser macht weise, lustig der Wein, drum trinke beides, um beides zu sein.
- Tadle nicht den Fluss, wenn du ins Wasser fällst.
- Je klarer das Wasser, desto weniger Fische.
- Blut ist dicker als Wasser.
- Das Wasser hat Quellen, der Baum Wurzeln.
- Der Krug geht so lange zum Wasser, bis er bricht.
- Erst wenn der Brunnen trocken ist, schätzt man das Wasser.
- Wasser hat keine Balken.
- Tugend und Öl schwimmen immer über Wasser.
- Trink Wasser wie ein Ochse und Wein wie ein König.
- In Bier und Wein ertrinken mehr Menschen als im Wasser.
- Mit Wasser und Brot kommt man durch alle Not.
- Freunde tun mehr not als Feuer, Wasser und Brot.
- Trinkt Wasser wie das liebe Vieh und denkt, es sei Krambambuli.

Diese Internetseite bietet noch mehr Sprüche: http://www.zitate-online.de/stichworte/wasser/

Dauer: 10 Minuten

Material: keines, ggf. ein Flipchart zum Notieren der Einfälle

SAMMELAUFGABE

WASSER-WÖRTER SAMMELN

Lassen Sie die Teilnehmenden möglichst viele Wörter finden, die mit Wasser beginnen. So könnte die Sammlung aussehen: Wasserfall, Wassertropfen, Wasserspiel, Wassermusik, Wassereimer, Wasserverschmutzung, Wasserkopf, Wasserhahn,

Wasserwerk, Wasserpumpe, Wasserlauf, Wasserschildkröte, Wasserburg, Wasserkuppe, Wassernixe …

Dauer: 10 Minuten

Material: keines

SAMMELAUFGABE

WAS MAN ALLES TRINKEN KANN

Finden Sie mit der Gruppe zu jedem Buchstaben des ABC ein Getränk. So könnte die Sammlung aussehen: Apfelsaft, Bier, Champagner, Darjeeling, Edelzwicker …

Dauer: 10 Minuten

Material: ggf. eine ABC-Schablone (siehe CD → Vorlagen → ABC-Schablone) und Stifte

SAMMELAUFGABE

WAS ALLES IM WASSER SCHWIMMT

Nach eben diesem Prinzip kann man auch suchen, was alles im Wasser schwimmt. Aal, Barsch …

Auf dieser Internetseite findet man zu jedem Buchstaben unendlich viele Fische: http://www.fishbase.org/search.php

Dauer: 10 Minuten

Material: ggf. eine ABC-Schablone (siehe CD → Vorlagen → ABC-Schablone) und Stifte

GÄSTE

WASSERWERK

Erkundigen Sie sich im örtlichen Wasserwerk, ob dieses besichtigt werden kann oder ob es jemanden vom Personal gibt, der die älteren Menschen mit Informationen versorgen könnte. Angaben zur Wasserhärte am Wohnort, zur Menge des verbrauchten Wassers etc. sind für alle wissenswert.

Dauer: ca. 30 Minuten

Material: ggf. hat das Wasserwerk eine Broschüre, die verteilt werden kann

KREATIVES

SCHIFFE FALTEN

Zum Thema Wasser lässt sich auch ein schönes Bild gestalten, für das alle Teilnehmenden ihre Ideen zusammentragen können. Sicherlich können viele ein Schiff falten, das auf dem in verschiedenen Blautönen gestalteten Wasser schwimmt. Nach dem Falten sollten alle den eigenen Namen auf das Schiff schreiben. Am Rand kann ein Leuchtturm stehen, Vögel können am Himmel fliegen, Muscheln aufgeklebt werden. So kann im Gemeindehaus oder in der Einrichtung einmal mehr auf den Seniorenkreis hingewiesen werden. Solche kreativen Gestaltungsmöglichkeiten bringen die Gruppe einander näher. Fügen Sie das fertige Bild in einen Wechselbilderrahmen, dann sieht es richtig gut aus. Alternativ können Sie das Bild auch in länglicher Form gestalten (besonders, wenn Sie mit einer großen Gruppe arbeiten), dann empfiehlt sich eine Tapetenrolle als Grundlage. Wer noch ein Mitgebsel sucht, kann das entstandene Bild fotografieren und den Teilnehmenden davon ein Foto schenken oder zuschicken.

Dauer: 30 Minuten

Material: DIN A4-Papier in verschiedenen Blautönen, einen Bilderrahmen, diverse Materialien im Zusammenhang mit Wasser, Meer und Strand, einen großen Bogen Tonpapier in Weiß, Tuschkasten, Klebstoff, alternativ die Tapetenrolle

SAMMELAUFGABE

LIEDER ZUM THEMA WASSER SUCHEN UND GGF. SINGEN

Lassen Sie die Gruppe Lieder zusammentragen, in denen Wasser, in welcher Form auch immer, vorkommt. So könnte die Ergebnisliste aussehen:

- Das Wandern ist des Müllers Lust
- Es klappert die Mühle am rauschenden Bach
- Regentropfen, die an mein Fenster klopfen
- Ins Wasser fällt ein Stein
- Wo de Nordseewellen trecken an den Strand
- Land der dunklen Wälder
- Bridge over troubled Water
- Wenn alle Brünnlein fließen
- Es freit ein wilder Wassermann
- Es waren zwei Königskinder
- Und in dem Schneegebirge
- My Bonnie is over the Ocean

- Rolling home
- An der Nordseeküste
- Wenn die bunten Fahnen wehen
- Junge, komm bald wieder
- In einem Harung jung und schlank
- By the Rivers of Babylon
- Ein Schiff, das sich Gemeinde nennt

Besonders zu dem letzten Lied könnten Sie noch ein Gespräch anschließen, in dem zusammengetragen wird, was eine gute Gemeinde oder Gruppe alles auszeichnet. Suchen Sie das Lied in Ihrem regionalen Gesangbuch, denn es ist in den landeskirchlich verschiedenen Anhängen zu finden. Das Lied bietet dazu schöne Bilder und Gedanken, beispielsweise, wenn von der Mannschaft die Rede ist, die auf einem Schiff sein muss.

Dauer: 10 Minuten, wenn Sie auch singen, länger; bei einem Gespräch über »Ein Schiff, das sich Gemeinde nennt« bis zu 40 Minuten

Material: die Liste mit den Liedern, ggf. den Text des Liedes

GÄSTE

Zu dem Thema könnten Sie gut auch Gäste einladen, die in einer besonderen Nähe zum Wasser stehen. Die Deutsche Gesellschaft zur Rettung Schiffbrüchiger oder auch die DLRG erzählen sicher gerne über die Arbeit. Regen Sie aber die Gäste dazu an, nur einen kurzen Vortrag zu halten und Anschauungsmaterial mitzubringen. Dann sollten die Gespräche in Kleingruppen an den Tischen erfolgen, damit alle etwas beitragen können.

BADETAG

Früher war es nicht üblich, jeden Tag zu duschen. Dazu waren die Organisation des Badens und die Wäschepflege viel zu umständlich. Sicherlich erinnern sich die alten Menschen noch gut an die Zinkwanne, die zum Baden in der gut geheizten Küche aufgestellt wurde. Mit Kernseife oder später dann einer großen Flasche Fichtennadelschaumbad wurden die Mitglieder der Familie in einer fest vorgegebenen Reihenfolge gebadet. Mit einigen Utensilien lassen sich die Erinnerungen daran wiederbeleben, und es wird einen munteren Austausch miteinander geben.
Folgende Dinge können Ihnen helfen, die Erinnerungen zu wecken:

- Zinkwanne
- Kernseife
- Gerstenkornhandtuch
- Badethermometer
- Fichtennadelschaumbad
- Eiershampoo
- Kessel

Bauen Sie die Anschauungsstücke gut sichtbar auf einem Tisch auf, sodass sie von allen gut gesehen werden können. Lassen Sie die Stücke gut auf die Teilnehmenden wirken, und vor allem lassen Sie viel erzählen.

Dauer: 30 Minuten und länger

Material: die oben aufgeführten Erinnerungsstücke zum Thema

ERZÄHLIMPULS

SCHWIMMEN LERNEN

Heute lernen Kinder in der Regel in einem Schwimmbad von einem Bademeister schwimmen. Früher geschah das eher nebenbei und zudem selten in einem Schwimmbecken. Es gab Seen, Flüsse oder Bäche, in denen die Jungen und Mädchen von den älteren Geschwistern oder Freunden schwimmen lernten. Suchen Sie sich einige schöne Karten, auf denen Wasser zu sehen ist. Wenn Sie keine finden, können Sie auch einfach unterschiedliche Blautöne wählen. Schreiben Sie auf die Rückseite Fragen rund um das Schwimmen. Die Teilnehmenden sitzen in der Runde um einen Tisch. Einer deckt eine Karte auf und erzählt etwas zu der Frage. Ist diese Frage von ihm und von allen anderen entsprechend beantwortet, ist der nächste Teilnehmende in der Runde mit der nächsten Karte an der Reihe. Hier die Fragen:

- Wo sind Sie als Kind zum Schwimmen gegangen?
- Von wem haben Sie schwimmen gelernt?
- Wie sah in Ihrer Kindheit die Bademode aus?
- Wo war in Ihrem Ort eine Gelegenheit zum Baden oder Schwimmen?
- Gab es von den Eltern Verbote hinsichtlich des Schwimmens?
- Was gehörte alles in die Badetasche?
- Gingen Mädchen und Jungen gemeinsam zum Schwimmen?
- Gab es Spielzeug speziell für das Wasser?

Dauer: 30 Minuten

Material: Karten mit Wassermotiven, auf deren Rückseiten die Farben stehen, ggf. noch heutiges Wasserspielzeug

ERZÄHLIMPULS

TAUFE

Die alten Menschen haben sicherlich schon viele Taufen miterlebt und können etwas davon erzählen. Diese Fragen können Sie zur Anregung stellen:

- In welcher Kirche sind Sie getauft worden?
- Gab es in Ihrer Familie ein Taufkleid? Beschreiben Sie es bitte!
- Kennen Sie Ihren Taufspruch? Wie lautet er?
- Welcher Pastor hat Sie getauft?
- Wer waren Ihre Taufpaten und wie war das Verhältnis zu ihnen?
- Sind Sie selbst Taufpate eines Kindes?
- Welchen Taufspruch würden Sie für ein Kind aussuchen?

Wenn Sie das Thema Taufe noch etwas ausweiten wollen, können Sie Bilder von berühmten Taufkirchen, Baptisterien, zeigen und dazu etwas über die Geschichte, die künstlerische Gestaltung, die Standorte erzählen. Besonders gut eignen sich dazu die Baptisterien in Pisa und in Florenz. Das Baptisterium in Florenz hat besonders gestaltete Türen, die viele biblische Geschichten erzählen und die man miteinander besprechen kann. Auf diesem Bild, das Ihnen farbig auf der beigefügten Material-CD-ROM zur Verfügung gestellt wird (siehe CD → Vorlagen → Baptisterium Florenz), finden Sie den Ausschnitt mit der Taufe Jesu, die sich am Südportal befindet und von Andrea Pisano gestaltet wurde.

Dauer: 30 Minuten, mit Information zu Baptisterien länger

Material: die Liste mit den Fragen, ggf. Bilder von Baptisterien

MONATSTHEMA AUGUST:
Bäume

Viele Menschen haben einen Lieblingsbaum oder kennen einen besonderen Baum. Bei mir sind es gleich zwei, die mir besonders ans Herz gewachsen sind. Einer ist eine Fichte, die ich winzig klein von einer Finnland-Reise mitgebracht habe. Sie stand zuerst auf meinem Balkon, dann im Garten meiner Eltern und dann im Pfarrgarten. Und mit in diesem Reisegepäck ist auch gleich der zweite für mich besondere Baum, eine Birke. Sie steht im Garten meiner Eltern und erstaunt uns jedes Jahr neu damit, dass sie ihren Rhythmus aus Finnland behalten hat. Sie ist im Frühling der erste grüne Baum und verliert im Herbst als erster die Blätter. In vielen Gegenden gibt es uralte Bäume, denen oft besondere Kräfte zugesprochen werden. Eine 1000-jährige Eiche, unter der sich Liebespaare küssen, gehört in vielen Dörfern dazu.

EIGENE ANNÄHERUNG AN DAS THEMA

Welches sind Ihre Lieblingsbäume? Gibt es einen Wald oder Park mit besonderen Bäumen in Ihrer Nähe? Kennen Sie einen Baumexperten, den Sie in die Gruppe einladen könnten? Haben Sie die Möglichkeit, Blätter von ganz verschiedenen Bäumen zu sammeln und bestimmen zu lassen? Gibt es einen Park in Ihrer Nähe, der besonders angelegt ist und besondere Bäume beherbergt?

GEDICHT

Zu fällen einen schönen Baum
braucht's eine halbe Stunde kaum.
Zu wachsen, bis man ihn bewundert,
braucht er, bedenk es, ein Jahrhundert.
Eugen Roth

Schreiben Sie das Gedicht in schöner Schrift auf ein Blatt, das Sie für alle kopieren. Nun kann es mit Buntstiften bemalt und gestaltet werden. Schön sieht es auch aus, wenn man das Gedicht in den Stamm eines kräftigen Baumes schreibt und diesen dann farblich gestaltet. Hier finden Sie ein Muster:

Das Bild ist von dieser Internetseite: http://www.schule-und-familie.de/assets/images/Malen/Natur/_th1_Malvorlage_Baum.gif

Dauer: 10 Minuten

Material: Baummotiv (siehe CD → Vorlagen → Baum), Stifte, Gedicht

SAMMELAUFGABE

LIEDER, IN DENEN BÄUME VORKOMMEN

Lassen Sie die Gruppe Lieder zusammentragen, in denen Bäume vorkommen oder benannt werden. So könnte die Liste aussehen:

- Geh aus, mein Herz, und suche Freud
- Hohe Tannen weisen die Sterne
- Mein Freund, der Baum, ist tot
- Zogen einst fünf wilde Schwäne
- Drei weiße Birken
- Land der dunklen Wälder
- Tie a Yellow Ribbon round the Ole Oak Tree (Bind ein blaues Band rund um den Birkenbaum)
- Oh, Tannenbaum
- Der Christbaum ist der schönste Baum
- Kein schöner Land in dieser Zeit
- Am Brunnen vor dem Tore

Dauer: 15 Minuten, wenn Sie die Lieder auch singen, länger

Material: die Liste mit den Liedern

ERZÄHLUNG

TIE A YELLOW RIBBON ROUND THE OLD OAK TREE –

Bind ein gelbes Band rund um den alten Eichenbaum (so muss es übersetzt heißen, in der deutschen Sprache ist das Lied

allerdings bekannt unter dem Titel »Bind ein blaues Band rund um den Birkenbaum«)
Zu diesem Lied gibt es eine schöne Geschichte, die ich Ihnen aus dem Gedächtnis nacherzähle.
Ein junger Mann hat wegen einer Straftat lange im Gefängnis gesessen. Nun, als er entlassen werden soll, schreibt er einen Brief nach Hause und bittet darum, man möge doch an einen alten Eichenbaum, kurz bevor die Eisenbahnlinie das Dorf erreicht, ein gelbes Band binden, wenn er willkommen sei. Während der Bahnfahrt wird er immer unruhiger, je mehr sich der Zug seinem Dorf nähert. Er bittet einen Mitreisenden darum, hinauszuschauen und nach einem gelben Band am Eichenbaum Ausschau zu halten. So groß ist seine Sorge, dass er selbst nicht schauen mag. Als das Dorf fast erreicht ist, freut sich der Mitreisende mit dem jungen Mann, dass es nicht nur ein gelbes Band dort draußen gibt, sondern Hunderte. Froh und erleichtert kehrt der junge Mann nach Hause zurück.
Die ganze Geschichte finden Sie beispielsweise in dem Büchlein »OH« aus dem Verlag »anderezeiten«, Hamburg, 2010.
Wer diesen Aspekt vertiefen möchte, könnte vielleicht einen Gefängnisseelsorger einladen, der von seiner Arbeit erzählt. Auch die Frage nach dem eigenen Umgang mit Schuld und Vergebung ist lohnenswert, bedarf aber einer miteinander sehr vertrauten Gruppe und einer sensiblen Gesprächsführung.

Dauer: nur für das Vorlesen der Geschichte 5 Minuten, mit Gespräch und Gast länger

Material: Geschichte

SAMMELAUFGABE

BAUM-NAMEN SAMMELN

Lassen Sie zu jedem der gängigen Buchstaben des Alphabetes einen Baum benennen oder aufschreiben.

Die Internetseite http://www.baumkunde.de/ bietet gute Informationen und hat auch sehr schöne Bilder von Bäumen, aus denen man ein Ratespiel machen könnte.

Dauer: 10 Minuten

Material: ggf. Stifte und Papier und ABC-Schablone (siehe CD → Vorlagen → ABC-Schablone)

SAMMELAUFGABE

WORTE SAMMELN: BAUM... BZW. ...BAUM

Lassen Sie die Gruppe nach Wörtern suchen, die »Baum« am Anfang haben und »Baum« am Ende. So könnte die Liste aussehen:

Baum am Anfang

- Schule
- Stamm
- Krone
- Wurzeln
- Schnitt
- Garten
- Harz
- Rinde
- Haus
- Gärtner
- Weg
- Bestand
- Bewuchs

Baum am Ende

- Schlag
- Christ
- Tannen
- Apfel
- Birn
- Mai
- Pfingst
- Lebens
- Mandel
- Ein

Führen Sie diese Sammelaufgabe per Zuruf, wenn Sie eine sehr homogene Gruppe haben. Wenn es einige sehr schnelle Teilnehmende gibt und einige, die etwas mehr Zeit benötigen, ist es besser, die Aufgabe einzeln und schriftlich anzugehen.

Dauer: 15 Minuten

Material: ggf. Stifte und Papier

ZUORDNUNG UND KREATIVES

NATURBILD GESTALTEN

Sammeln Sie in der Natur viele Dinge, die zu Bäumen gehören. Vielleicht sind Eicheln dabei, Kastanien, ein Stück Borke, Bucheckern, Blätter, Früchte …

Versehen Sie jedes Stück mit einer Nummer und lassen Sie die Teilnehmenden aufschreiben oder benennen, zu welchem Baum der jeweilige Gegenstand gehört. Sehr schön sieht es auch aus, wenn man dieses Naturbild als Mandala gestaltet. Dann legen alle miteinander die Naturmaterialien auf den Tisch. Besonders schön wird es, wenn man vorher die Ränder und die Abgrenzungen der einzelnen Felder zueinander auf Papier oder mit Klebestreifen vorgibt.

Zum Beispiel auf dieser Internetseite finden Sie ein Bild eines solchen Mandalas, das Ihnen helfen kann, sich diese Idee besser vorzustellen: http://www.schule.suedtirol.it/ssp-bozengries/img/user/27d500_img-VwtqAB.jpg

Machen Sie ein Foto von dem Ergebnis und schenken Sie beim nächsten Mal jedem der Teilnehmenden so ein Foto von der gemeinsamen Arbeit. Oder Sie gestalten damit die Geburtstagskarten, die Sie in den nächsten Monaten an Ihre Teilnehmenden verschicken.

Dauer: 30 Minuten

Material: diverse Naturmaterialien, Klebestreifen für die Abgrenzungen des Mandalas, Scheren, Fotoapparat

KREATIVES UND INFORMATION

DER GINKGOBAUM

Die Internetseite http://de.wikipedia.org/wiki/Ginkgo informiert über den Ginkgobaum, der zum Baum des Jahrtausends erklärt wurde. Seine ungewöhnlichen Blätter laden dazu ein, wie früher als Kinder die Blätter zu »rubbeln«. Dazu legt man die Blätter mit der stärker gemaserten Seite nach oben unter ein Blatt Papier. Dann rubbelt man mit einem Wachsstift vorsichtig darüber und hat dann die Maserung und die Umrisse des Blattes auf dem Papier, das man sehr schön als Briefpapier benutzen kann.
Wer mag, der kann an dieser Stelle auch noch kritisch etwas zu der angeblich positiven Wirkung von Ginkgopräparaten auf die Gedächtnisleistung sagen.

Beispielsweise diese Internetseite gibt dazu hilfreiche Informationen: http://www.spiegel.de/wissenschaft/medizin/neue-studie-ginkgo-schuetzt-nicht-vor-geistigem-verfall-a-669552.html

Dauer: 10 Minuten, wenn Sie nur malen, mit Infos länger

Material: leicht getrocknete Blätter vom Ginkgo, normal dickes Papier, Bunt- oder Wachsmalstifte

KREATIVES

MITGEBSEL

Ein schönes Mitgebsel wäre diese Karte mit dem Ginkgoblatt und dem Gedicht von Johann Wolfgang von Goethe.

Ginkgo Biloba

Dieses Baumes Blatt, der von Osten
meinem Garten anvertraut,
gibt geheimen Sinn zu kosten,
wie's den Wissenden erbaut.
Ist es ein lebendig Wesen,
das sich in sich selbst getrennt?
Sind es zwei, die sich erlesen,
dass man sie als eines kennt?
Solche Fragen zu erwidern
fand ich wohl den rechten Sinn.
Fühlst du nicht an meinen Liedern,
dass ich eins und doppelt bin?

Johann Wolfgang von Goethe 1815

Lassen Sie die Teilnehmenden noch eigene Gedanken zu dem Gedicht äußern.

Dauer: 15 Minuten

Material: eine ausgedruckte Karte mit dem Gedicht für alle Teilnehmenden (siehe CD → Vorlagen → Ginkgoblatt)

ERZÄHLIMPULS

WURZELN, STAMM, RINDE, ÄSTE, ZWEIGE, BLÄTTER, BLÜTE UND FRÜCHTE

Diese Bestandteile des Baumes können Sie gemeinsam mit der Gruppe auf uns Menschen übertragen und dazu ein Bild gestalten. Fragen Sie dazu folgendermaßen:

Wurzeln – Wo haben Sie Ihre Wurzeln?

Stamm – Was gibt Ihnen Halt und Standfestigkeit?

Rinde – Was bietet Ihnen Schutz?

Äste – Wonach strecken Sie sich?

Zweige – Mit wem sind Sie vernetzt und verbunden?

Blätter – Wie zeigen Sie sich nach außen?

Blüte – Was mörgen Sie an sich selbst gerne?
Was können Sie gut?

Früchte – Was haben Sie in Ihrem Leben im übertragenen Sinne geerntet bzw. erreicht?

Schreiben Sie die Antworten, die sich aus den Gesprächen ergeben, so auf, dass sie jeweils dort stehen, wo die Bestandteile des Baumes sind, die Wurzeln also ins Erdreich, den

Halt in den Stamm, den Schutz in die Rinde etc. Wichtig ist, dass Sie zu Beginn Zeit lassen, über die Fragen nachzudenken.

Dauer: 40 Minuten

Material: Tonpapier oder anderes großformatiges Papier, Stifte

GEBET UND MITGEBSEL

BÄUME IN DER BIBEL

232 Mal kommen Bäume in der Bibel vor. Besonders bekannt ist sicherlich der Baum des Lebens in der Schöpfungsgeschichte. Aber auch Psalm 1 zeigt uns ein schönes Bild von einem Baum. Sie könnten es – vielleicht sogar in der alten deutschen Schrift – aufschreiben und den Teilnehmenden mitgeben. Wenn Sie dabei Computerschrift benutzen, achten Sie darauf, dass das Schluss-s richtig gesetzt wird, denn Sie haben es bei Ihren Teilnehmenden mit Experten zu tun, die diesen Fehler gleich bemerken würden.

Hier noch der Text des Psalms für Sie:

Psalm 1

Wohl dem, der nicht wandelt im Rat der Gottlosen noch tritt auf den Weg der Sünder noch sitzt, wo die Spötter sitzen, sondern hat Lust zum Gesetz des Herrn und redet von seinem Gesetz Tag und Nacht. Der ist wie ein Baum, gepflanzt an den Wasserbächen, der seine Frucht bringt zu seiner Zeit, und seine Blätter verwelken nicht, und was er macht, das gerät wohl. Aber so sind die Gottlosen nicht, sondern wie Spreu, die der Wind zerstreut. Darum bleiben die Gottlosen nicht im Gericht, noch die Sünder in der Gemeinde der Gerechten. Denn der Herr kennt den Weg der Gerechten, aber der Gottlosen Weg vergeht.

KREATIVES

ZACHÄUS

Bei Bäumen in der Bibel fällt mir noch Zachäus ein, der auf einen Baum geklettert ist, um Jesus zu sehen und selbst möglichst nicht gesehen zu werden. Zu dieser Geschichte gibt es eine schöne Bastelarbeit, die ich den Senioren zum Verschenken an die Enkel- oder Nachbarskinder vorschlage. So ist es einmal umgekehrt, nicht die Kinder basteln für die Großeltern, sondern die Kinder bekommen das Ergebnis einer Bastelarbeit von den Großeltern geschenkt. Oder Sie besuchen mit einer Delegation der Senioren einmal den Kindergottesdienst und man bastelt dort gemeinsam. Sie benötigen für die Bastelarbeit einen Kreis aus fester Pappe, etwa so groß wie ein Handteller. Gut eignen sich Bierdeckel. Diese werden von beiden Seiten abgeklebt, sodass man die Werbung, die sich meistens darauf befindet, nicht sehen kann. Auf die eine Seite kommt ein Baum, bei dem in der Krone die Mitte frei bleibt, also weiß. Auf die andere Seite kommt an eben diese Stelle ein Bild von Zachäus, das aber auf dem Kopf stehen muss. Beide Seiten werden kräftig angemalt. Dann wird die Pappe an beiden Seiten mit einem Band versehen, sodass man die Pappe aufwickeln kann. Wenn man die beiden Bänder dann wieder spannt, dreht sich die Pappe, und für die Augen sieht es nun so aus, als säße Zachäus wirklich auf dem Baum. Wenn Sie die angefügten Schablonen benutzen, ist das ganz leicht.

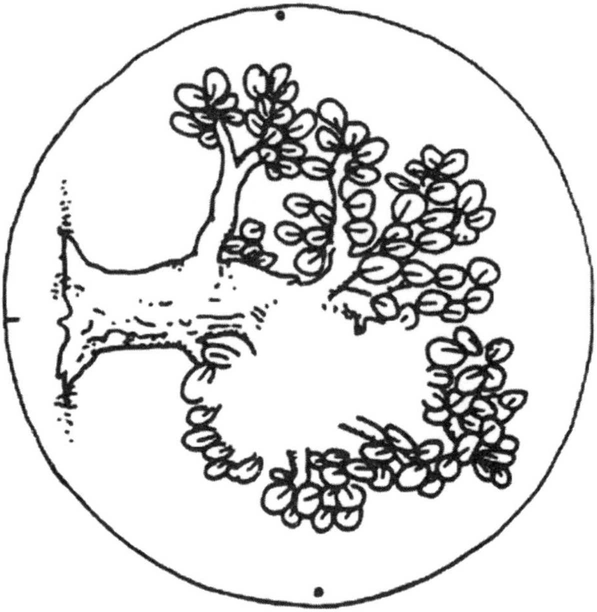

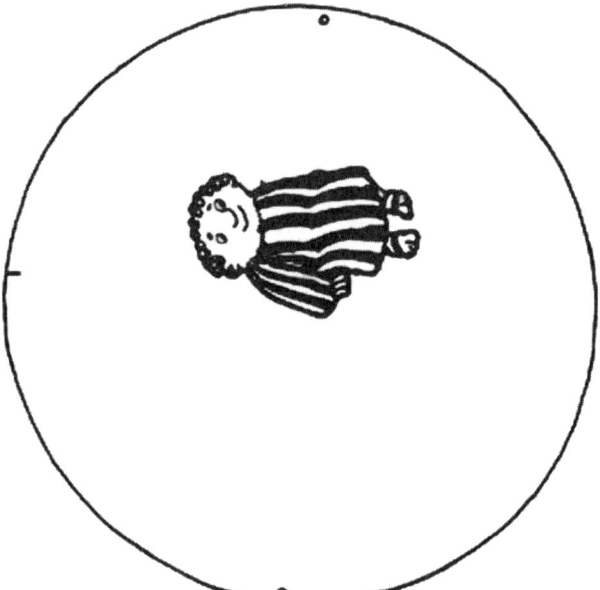

Quelle unbekannt

Die beiden kleinen Kreise geben die Punkte an, an denen die Schnur in die Pappe geführt wird. Die beiden Striche unterhalb des Baumstammes und oberhalb der Zachäus-Figur müssen beim Zusammenkleben genau übereinander liegen.

Dauer: 20 Minuten

Material: die kopierten Vorlagen, feste Pappe für den Kreis, Schnur, ggf. Locher oder Nadel zum Stechen der Löcher, Buntstifte (siehe CD → Vorlagen → Zachäus)

MONATSTHEMA SEPTEMBER:
Die 50er Jahre: Petticoat und Nierentisch

Die 50er Jahre haben viele alte Menschen in guter Erinnerung. Nach den Entbehrungen und Sorgen der Kriegs- und unmittelbaren Nachkriegsjahre waren diese Jahre eine Zeit des Wiederaufbaus und der langsamen Besserung der Lebensbedingungen. Auch deshalb erinnern sie sich gerne an diese Zeit. Viele Neuerungen in Haushalt und Verkehr hat es gegeben, zu denen die alten Menschen viel und gerne erzählen.

EIGENE ANNÄHERUNG AN DAS THEMA

Wie alt waren Sie selbst in den 50er Jahren? Wie gut können Sie sich daran erinnern oder was haben Sie darüber gelesen? Ist in Ihrer Nähe ein Museum der 50er Jahre? Können Sie Gegenstände beschaffen, die aus dieser Zeit stammen, oder finden Sie interessante Bilder zu der Zeit? Wer könnte Ihnen behilflich sein? Könnte Ihnen ein Antiquitätenhändler für einen Tag einige Anschauungsstücke zur Verfügung stellen oder vielleicht sogar selbst kommen und erzählen?

ÜBERBLICK UND INFORMATION

Als Eingang eignet sich ein kurzer Überblick über die Ereignisse in den 50er Jahren. Sie dienen dazu, die persönlichen Erinnerungen in den Gesamtzusammenhang einzubetten. Nennen Sie dabei neben den wichtigen historischen Ereignissen auch Besonderes und Kurioses, zum Beispiel:

- 1952 Beginn des täglichen Fernsehens
- 1954 die erste Parkuhr
- 1957 Werbefernsehen per Gerichtsbeschluss erlaubt
- 1958 Elvis Presley in Bremerhaven
- 1959 erste Radarfalle

Diese und weitere Infos zu den 50er Jahren finden Sie auf dieser Internetseite:
http://www.compu-seite.de/Politik/Chronik-Deutschland_50erJahre.html

ERZÄHLAUFGABE

MEINE ERINNERUNGEN AN DIE 50ER JAHRE

Führen Sie mit diesen Fragen die Teilnehmenden zu den Erinnerungen, die diese persönlich an die 50er Jahre haben. Entscheiden Sie je nach Gruppengröße, ob Sie diese Erzählrunde an Tischen in Kleingruppen durchführen oder mit allen zusammen. Wenn die Gruppe zu groß ist, ist es ermüdend, allen zuzuhören. Hier nun die Fragen:

- Wie alt waren Sie 1950?
- Wo haben Sie gewohnt?

- Wo haben Sie gearbeitet?
- Wer gehörte in dieser Zeit alles zu Ihrer Familie?
- Was kostete ein Pfund Kaffee?
- Wie war in der Zeit der wöchentliche Verdienst?
- Erzählen Sie von einer Anschaffung für die Familie oder den Haushalt!
- Erzählen Sie von einem Urlaub!

Dauer: 30 Minuten

Material: die Fragen und ggf. einige Bilder, die Sie im Raum aufhängen

SAMMELAUFGABE

ZEITSTRAHL

Wenn Sie eine sehr geschichtsinteressierte Gruppe haben, können Sie dieser die Aufgabe stellen, den einzelnen Jahren von 1949–1959 möglichst viele Ereignisse zuzuordnen. Legen Sie dazu einen langen Papierstreifen auf den Tisch und tragen Sie in gleichmäßigen Abständen die Jahreszahlen ein. Verteilen Sie dann Stifte mit der Aufforderung, in die jeweiligen Zeitabschnitte zu schreiben, was da in der Welt und in Deutschland los war.

Mit einer zweiten Farbe können die Teilnehmenden nun noch ergänzen, was in ihrem persönlichen Leben wichtig war. So ergibt sich ein interessanter Blick in die Gesamtgeschichte und die persönliche Geschichte.

Die Christus- und Garnisonkirche in Wilhelmshaven hat diese Anregung so aufgenommen, dass sie dort die geschichtlichen

Ereignisse der Zeit seit dem Bau der Kirche, die Entwicklung der Kirche und der Kirchengemeinde und den fiktiven Lebenslauf eines Menschen aus der Gemeinde einander gegenübergestellt hat. Vielleicht ist das auch einmal eine Idee für Ihre Kirche oder Ihre Einrichtung.

Dauer: 45 Minuten, je nach Interesse auch länger

Material: Tapetenrolle oder anderes langes Papier, zeitliche Einteilung, Stifte in verschiedenen Farben, ggf. einen Kulturfahrplan und/oder einen Geschichtsatlas oder ein Buch über die 50er Jahre. Es gibt dazu eine Vielzahl von Veröffentlichungen.

RÄTSEL

DIE 50ER JAHRE

Schreiben Sie auf eine Tafel oder ein Flipchart die Zahlen von 1 bis 20. Bilden Sie Kleingruppen mit Ihren Teilnehmenden, indem Zettel gezogen werden, auf denen Begriffe aus den 50er Jahren stehen, z. B. Petticoat, Nierentisch, Adenauer ... Alle, die den Begriff »Petticoat« gezogen haben, bilden eine Gruppe, alle Nierentische eine usw.
Eine Gruppe fängt an und wählt eine Zahl zwischen 1 und 20. Sie streichen die Zahl an der Tafel aus und stellen die Frage, die zu der Zahl gehört. Die Gruppe antwortet. Wenn es keiner weiß (was sehr unwahrscheinlich ist), wird die Frage im Uhrzeigersinn an die nächste Gruppe weitergegeben. Wenn Sie mögen, führen Sie eine Strichliste, aus der der Punktestand ersichtlich ist.

Hier nun die Fragen:

Nr.	Frage	Antwort
1	Statt aus Stahlblech bestand dieses Auto aus verleimtem Hartholz und Kunstleder. Wie wurde das Fahrzeug von Borgward, das 1950 auf den Markt kam, genannt?	Leukoplast-bomber
2	Welcher Meisterdetektiv mit markantem Kinn und Pfeife erlebte ab 1950 in der Illustrierten »Quick« ungezählte Abenteuer?	Nick Knatterton
3	Welcher deutsche Kinderstar sang im Jahr 1951 »Pack die Badehose ein«?	Cornelia Froboess
4	Man nannte ihn den Urwalddoktor. Wie heißt der berühmte Arzt, der das Tropenhospital Lambarene gründete?	Albert Schweitzer
5	Eva Perón starb im Jahr 1952 im Alter von 33 Jahren. Unter welchem Namen war sie in der ganzen Welt bekannt?	Evita
6	Welches neue silberne Geldstück wurde 1952 von den Landeszentralbanken ausgegeben?	5 DM
7	Wie hieß das Wunderpferd, mit dem Hans Günther Winkler 1959 die Deutschen Meisterschaften im Springreiten gewann?	Halla

8	Wen heiratete der Schah von Persien 1959 nach der Auflösung seiner Ehe mit Soraya?	Farah Diba
9	Welcher korpulente Komiker und Filmpartner von Stan Laurel starb 1957?	Oliver Hardy
10	Horst Buchholz und Maria Schell bekamen 1957 diesen Preis. Es ist eine einem kleinen Reh nachempfundene Trophäe.	Bambi
11	Es dreht sich um das einfache Blumenmädchen Eliza und den Sprachforscher Prof. Higgins. Welches Erfolgsmusical wurde 1956 am Broadway uraufgeführt?	My fair Lady
12	Welches dreirädrige Fahrzeug wurde im Volksmund Schneewittchensarg genannt?	Messerschmitt-Kabinenroller
13	Erstmals wurde 1953 ein Ereignis live im Fernsehen übertragen. Welche Zeremonie war das? Sie fand in London statt.	Krönung von Elisabeth II.
14	1954 begann sein weltweiter Siegeszug. Später nannte man ihn den »King of Rock 'n' Roll«. Wer ist gemeint?	Elvis Presley
15	Welches sportliche Ereignis von 1954 machte in Deutschland Schlagzeilen als das »Wunder von Bern«?	Gewinn der Fußballweltmeisterschaft

16	Er wurde bis 1955 bereits eine Million Mal verkauft. Wie wurde dieses Auto aus den VW-Werken auch genannt?	Käfer
17	Welche deutsche Schauspielerin rührte 1955 ganz Europa mit der Darstellung der »Sissi«?	Romy Schneider
18	Jürgen Roland war der Regisseur dieser authentischen Fernsehreihe. Welche erfolgreiche Krimiserie startete 1958?	Stahlnetz
19	Welches war schon in den 50er Jahren Deutschlands meistgebrauchte Schmerztablette?	Spalt
20	91-51-82 waren die Maße, mit denen sie die internationale Jury überzeugte. Welche später auch als Fernsehansagerin bekannte Deutsche wurde 1956 Miss World?	Petra Schürmann

Vielleicht finden Sie ein kleines, originelles Geschenk für die Siegergruppe, zum Beispiel für jeden Teilnehmenden aus der Gruppe eine Tüte Ahoi-Brausepulver. Wenn die Gruppe auf diesen Impuls mit viel Interesse reagiert, können Sie anregen, jede Kleingruppe möge sich noch fünf Fragen für die jeweils anderen Gruppen ausdenken.

Dauer: 20 Minuten

Material: Tafel oder Flipchart, die Fragen, Stifte für den Punktestand, ggf. kleines Geschenk für die Siegergruppe

ERZÄHLIMPULS

POWER-POINT-PRÄSENTATION

Mit einer Power-Point-Präsentation können Sie mit Bildern an die 50er Jahre erinnern. Suchen Sie aus dem Internet Bilder von Alltagsgegenständen aus dieser Zeit, die Sie dann über den Beamer zeigen. Sie werden beobachten, dass die Bilder viele Erinnerungen wecken und zum Erzählen anregen. Diese Gegenstände sollten auf jeden Fall dabei sein:

- Schnittmusterbogen
- Autos aus der Zeit
- Nähmaschine
- Nierentisch
- Petticoat
- Wahlplakate
- Kinoplakate
- Geldstücke und Scheine
- Kölnisch Wasser
- Bilder der Politiker aus der Zeit
- Elektrogeräte
- Szenen aus dem Sport (z. B. Fußballweltmeisterschaft)
- Urlaubsbilder
- Tanz und Musik
- Zeitschriften
- Fernsehsendungen

Lassen Sie zu jedem Bild viel Zeit, damit Erinnerungen ausgetauscht werden können. Das Bildarchiv der Stiftung Preußischer Kulturbesitz liefert Ihnen hier sehr gutes Bildmaterial.

Sie finden das Archiv auf dieser Internetseite: http://bpkgate.picturemaxx.com/webgate_cms/

Dauer: je nach Anzahl der Bilder, Erfahrungswert ca. 3–5 Minuten pro Bild

Material: Bilder aus den 50er Jahren, technische Voraussetzungen für die Präsentation

ERGÄNZUNGSAUFGABE

BERÜHMTE MENSCHEN DER 50ER JAHRE

Nennen Sie die Nachnamen der Berühmtheiten und lassen Sie die Gruppe deren Vornamen ergänzen.

Adenauer – Konrad

Brandt – Willy

Callas – Maria

Chanel – Coco

Dean – James

Erhard – Ludwig/Heinz

Froboess – Conny

Gründgens – Gustav

Heesters – Johannes

Hemingway – Ernest

Herberger – Sepp

Hepburn – Audrey/Katherine

Heuss – Theodor

Hitchcock – Alfred

Kelly – Grace

Knef – Hildegard

Kraus – Peter

Lübke – Heinrich

Monroe – Marilyn

Presley – Elvis

Schneider – Romy/Magda

Knuth – Gustav

Schumacher – Kurt

Ulbricht – Walter

Walter – Fritz/Ottmar

Sicher fallen den Teilnehmenden noch weitere Berühmtheiten aus der Zeit ein. Lassen Sie diese zusammentragen und sich gegenseitig als Aufgabe stellen, wie diese Menschen mit Vornamen hießen. Es wird sicherlich auch gerne etwas zu den Personen erzählt.

Dauer: 10 Minuten, mit Erzählungen zu den Personen länger

Material: die Namensliste, ggf. Stifte und Papier

ERGÄNZUNGSAUFGABE UND SINGEN

SCHLAGER DER 50ER JAHRE

Nennen oder noch besser singen Sie die ersten Worte der aufgelisteten Schlager und lassen Sie die Gruppe ergänzen. Wenn

Sie selbst nur die ersten Worte kennen, brauchen Sie sich dennoch keine Sorgen zu machen, denn die Teilnehmenden kennen in der Regel den weiteren Text und die Melodie und singen sehr gerne mit.
Hier die Schlager, die sich dazu gut eignen:

Ach, sag doch nicht immer wieder, immer wieder	Dicker zu mir
Am 30. Mai	ist Weltuntergang
Am Tag, als	der Regen kam
Anneliese, ach Anneliese,	warum bist du böse mit mir?
Blaue Nacht, o blaue Nacht	am Hafen
Wenn bei Capri	die rote Sonne im Meer versinkt
Das alte Försterhaus,	dort wo die Tannen stehn
Das machen nur die	Beine von Dolores
Der weiße Mond von	Maratonga
Die Fischerin vom Bodensee	ist eine schöne Maid, juchhe
Es hängt ein	Pferdehalfter an der Wand
Ganz Paris träumt von	der Liebe
Gitarren klingen leise	durch die Nacht
Hab'n Se nich, hab'n Se nich,	hab'n Se nich 'ne Braut für mich?
Heimat, deine	Sterne
Ich möcht' gern dein	Herzklopfen hörn
Ich zähle täglich meine Sorgen,	denn ich sorg mich sehr

Leise rauscht es am	Missouri
Mandolinen und	Mondschein
Pack die	Badehose ein
Rote Rosen, rote Lippen,	roter Wein
Schütt die Sorgen in ein	Gläschen Wein
So ein Tag,	so wunderschön wie heute
Spiel mir eine alte	Melodie
Steig in das Traumboot der	Liebe
Tabak und	Rum
Tulpen aus	Amsterdam
Übers Jahr, wenn die	Kornblumen blühen
Cindy, o Cindy, dein Herz	muss traurig sein
Du bist die Rose,	die Rose vom Wörthersee
Tanze mit mir in	den Morgen
Aber dich gibt's	nur einmal für mich
Die Liebe ist ein seltsames Spiel,	sie kommt und geht von einem zum andern
Kalkutta liegt am Ganges,	Paris liegt an der Seine
Kleine Annabell,	musst nicht traurig sein
Ohne Krimi geht die Mimi	nie ins Bett
Pigalle, Pigalle, das ist die	große Mausefalle mitten in Paris
Ramona, zum Abschied	sag ich dir »Good bye«

Auch hier haben die Teilnehmenden sicher noch weitere Lieder im Kopf, die sie gerne singen würden. Eine Schallplatte oder CD mit Liedern aus den 50er Jahren hilft der Erinnerung tüchtig auf die Sprünge. Achten Sie möglichst darauf, dass wirklich die Interpreten die Titel singen, die die Teilnehmenden von früher kennen. Hier ist ein Vorschlag dazu: »Das 50er Jahre Schlager Karussell«. Darüber hinaus gibt es viele weitere.

Diese Internetseite zählt diese und weitere Schlager auf: http://www.musikland-online.de/x150_deutsche_Schlager_der_50er_Jahre_.html

Dauer: 10 Minuten, wenn gesungen wird, dann länger

Material: die Liedimpulse, ggf. CD und Abspielmöglichkeit

MONATSTHEMA OKTOBER:
Kirmes oder Jahrmarkt

Im Oktober ist in vielen Gegenden noch einmal vor der Winterpause Kirmes (eigentlich Kirchweih) oder Jahrmarkt. Früher hatten solche Märkte für die Menschen einen besonderen Reiz, weil es noch nicht so viele Veranstaltungen und Angebote zur Freizeitgestaltung gab. Man konnte viel erleben, lernte sich kennen, tauschte sich aus. Das fahrende Volk der Schausteller übte auf viele Menschen einen Reiz aus, standen sie doch für Fernweh und weite Welt.

Diese Internetseite gibt einen ersten Überblick zum Thema und führt zu weiteren Ideen: http://de.wikipedia.org/wiki/Kirmes

EIGENE ANNÄHERUNG AN DAS THEMA

Welche Märkte oder Kirmesveranstaltungen gibt es in Ihrer Gegend? Mögen Sie diese Veranstaltungen? Könnten Sie einen Markt mit Ihrer Gruppe besuchen? Kennen Sie Schausteller, die Sie einladen könnten? Können Sie mit den Teilnehmenden einige Buden wie bei einer Kirmes aufbauen und dazu andere Menschen als Gäste einladen? Gibt es in Ihrer Einrichtung oder Kirchengemeinde ein Fest, für das die Senioren einen Beitrag leisten könnten?

ERZÄHLIMPULS

MEINE ERINNERUNGEN AN KIRMES UND JAHRMÄRKTE

Laden Sie die Teilnehmenden zu eigenen Erinnerungen an Kirmes oder Märkte ein. Mit nostalgischen Bildern einer Kirmes können Sie dazu ein Erzählspiel herstellen. Die Fotos regen die Erinnerung an und sind einfach schön anzuschauen. Den Geruch der gebrannten Mandeln, der Fischbrötchen und den Krach der fallenden Dosen liefert die Fantasie von alleine.

Diese Fragen können dabei hilfreich sein:

- Auf welche Märkte sind Sie als Kind gerne gegangen?
- Erzählen Sie von den Buden, die es dort gab!
- Was gab es bei der Kirmes alles zu essen?
- Wie viel Geld bekamen Sie als Kind zur Kirmes?
- Mit welchen Karussells sind Sie gerne gefahren?
- Verliebt sein und Kirmes – gehört das für Sie zusammen?
- Was konnte man bei der Kirmes alles kaufen?
- Gab es etwas, was Sie bei der Kirmes nicht mochten?
- Haben Sie an der Losbude mal etwas gewonnen? Erzählen Sie davon!
- Wie gefallen Ihnen die Fahrgeschäfte, die es heute gibt?
- Haben Sie Eltern und Geschwistern etwas mitgebracht?
- Zuckerwatte oder Eis? Was gefiel Ihnen besser?
- Gehörte ein Fischbrötchen zu Ihren Genüssen?
- Dosenwerfen oder Schießen – was konnten Sie besser?

Dauer: 20–30 Minuten

Material: Bildkarten mit den Fragen auf der Rückseite

MUSIK UND INFORMATION

DREHORGEL

Vielleicht finden Sie in Ihrer Nähe jemanden, der Drehorgel spielt und sich in die Gruppe einladen lässt, denn Drehorgelmusik gehört auf jeden Fall zur Kirmes. Oft können Sie Menschen finden, die mit ihrem Drehorgelspiel für einen wohltätigen Zweck sammeln. Wenn Sie auch eine kleine Spende geben und sich anhören, wie die Arbeit des Sammelns so läuft, haben beide etwas davon.

Dauer: 30 Minuten

Material: Drehorgel

SAMMELAUFGABE UND GETRÄNK

BOWLE

Tragen Sie mit den Teilnehmenden zusammen, mit welchen Früchten sich Bowle herstellen lässt. Vielleicht können Sie Rezepte austauschen oder sogar ein kleines Büchlein mit alten Bowle-Rezepten zusammenstellen, das beim nächsten Basar oder Sommerfest verkauft werden kann. Zum Abschluss der Zusammenkunft sollten Sie eine leichte Bowle servieren. Ich schlage Ananas vor, weil viele Menschen diese Frucht sehr mögen, sie sich aber alleine oft nicht kaufen, weil sie zu groß ist. Verzichten Sie darauf, die Früchte vorher in Cognac einzulegen, damit sie nicht zu schwer wird.

Dauer: 30 Minuten

Material: Wein, Sekt, Ananas, Bowlegläser, Schöpfkelle, ggf. Papier und Stifte zum Sammeln von Rezepten

ERZÄHLIMPULS UND SAMMELAUFGABE

WAHRSAGERIN

Auf den Märkten waren häufig auch Buden von Wahrsagerinnen oder Leuten, die angeblich aus der Hand lesen konnten. Sprechen Sie mit den Teilnehmenden darüber, was sie von solchen Versuchen, in die Zukunft zu schauen, denken. Kommen Sie dabei auch auf Aberglaube und Spökenkiekerei zu sprechen. Nach meiner Erfahrung ist es so, dass die alten Menschen zunächst behaupten, kaum Aberglauben zu kennen. Dann kommt aber doch eine ganze Menge zusammen, an das sie sich erinnern.

- Nicht unter einer Leiter durchgehen
- Hände nicht über Kreuz geben
- Schwarze Katze von links nach rechts
- Freitag, der 13.
- Ein vierblättriges Kleeblatt
- Ein Glückspfennig oder jetzt -cent
- Hufeisen, richtig herum aufgehängt
- Schornsteinfeger bringen Glück
- Glücksschwein
- An Silvester Linsen gegessen verheißt Geld
- Spinne am Morgen bringt Kummer und Sorgen
- Keine Frauen auf Schiffe oder in den Bergbau
- Salz verschütten bringt Unglück
- Scherben bringen Glück
- Brautschuhe mit Pfennigen bezahlen
- Keine Messer verschenken, das zerschneidet die Freundschaft

- Keine Perlen verschenken, der Beschenkte muss dann viel weinen
- Regentropfen, die in den Brautschleier fallen, bedeuten Glück (in manchen Regionen auch Unglück)
- Spiegel zerbrochen bedeutet sieben Jahre Unglück
- Zwischen Weihnachten und Neujahr keine Wäsche aufhängen

Beenden Sie diese Runde unbedingt mit einem positiven Gedanken, damit die Teilnehmenden nicht wegen bestimmter Vorzeichen besorgt sind. Gute Erfahrungen habe ich damit gemacht, diese Bibelstelle vorzulesen oder aufgeschrieben zu verteilen:

Christus spricht: »Mir ist gegeben alle Gewalt im Himmel und auf Erden. Darum gehet hin und machet zu Jüngern alle Völker: Taufet sie auf den Namen des Vaters und des Sohnes und des heiligen Geistes und lehret sie halten alles, was ich euch befohlen habe. Und siehe, ich bin bei euch alle Tage bis an der Welt Ende.«

Matthäus 28,18–20

Dauer: 30 Minuten

Material: den aufgeschriebenen Bibelvers

KREATIVES

LOSBUDE

Bereiten Sie für alle Teilnehmenden Lose vor, die gezogen werden können. Sie können entweder eine kleine Tombola

veranstalten, zu denen Ihnen die Geschäfte vor Ort sicherlich kleine Dinge spenden werden. Besonders in Apotheken lohnt es sich, nach kleinen Proben von Cremes oder Seifen zu fragen.
Wenn Ihnen das zu umständlich oder zu aufwendig ist, schreiben Sie auf die Lose diesen Satz: »Sie sind ein Hauptgewinn!« Sorgen Sie dafür, dass alle Teilnehmenden ihre Lose etwa gleichzeitig öffnen, damit der Überraschungseffekt für alle gleich ist.
Nun können Sie noch einige Gedanken darüber anschließen, dass jeder Mensch einmalig und einzigartig ist. Wir sind geniale Gedanken Gottes, jeder und jede nur ein einziges Mal gedacht.

Dauer: mit Tombola 30 Minuten, mit dem Los »Hauptgewinn« 10 Minuten

Material: Lose

GAST

SCHAUSTELLER

Wenn Sie einen Schausteller kennen, laden Sie ihn ein, damit er von dem besonderen Leben als Reisender erzählen kann. Sicherlich kann er einige Dinge als Anschauungsobjekte mitbringen oder es gibt Fotos von seiner Arbeit. Oder wenden Sie sich in Ihrer Kirche an den Sonderseelsorger für Schausteller, der sicherlich auch viel erzählen kann.

Dauer: 45 Minuten

Material: ggf. Geräte zum Zeigen der Bilder

SAMMELAUFGABE

WANDERMENAGERIE

In den Wandermenagerien konnte man viele ausgefallene und fremd anmutende Tiere bestaunen. Lassen Sie die Teilnehmenden benennen, welche Tiere sie außergewöhnlich finden. Vielleicht finden Sie wieder zu jedem Buchstaben des ABC ein Tier.

Dauer: 15 Minuten

Material: ABC-Schablone (siehe CD → Vorlagen → ABC-Schablone)

KREATIVES

TIERBILD

Fast jeder kann irgendein Tier aus dem Kopf malen. Bitten Sie alle Teilnehmenden, ihr Tier zu malen, und fügen Sie die so entstandenen Bilder zu einem großen Bild zusammen.

Dauer: 20 Minuten

Material: Papier und Stifte, wobei ich hier nur schwarze Stifte ausgeben würde, weil das Bild schon durch die verschiedenen Tiere und Malformen »bunt« wird.

KASPERTHEATER

Können Sie die Teilnehmenden Ihrer Runde dazu motivieren, mit Handpuppen oder Ähnlichem ein kleines Theaterstück einzuüben? Das wäre eine gute Gelegenheit, einmal generationenübergreifend zu arbeiten. Laden Sie eine Kindergruppe dazu ein, die das Stück anschaut. Verteilen Sie dazu Aufgaben, zum Beispiel das Gestalten von Hintergrundbildern und kleinen Requisiten. Möglicherweise können Sie auch die Figuren selber herstellen. Einige Anregungen dazu finden Sie auf dieser Internetseite: http://sissibeck.beepworld.de/kasperlewelt.htm

Diese Idee könnten Sie auch in der Adventszeit einmal aufgreifen und mit den älteren Menschen ein adventliches Stück für Kinder spielen. Anregungen dazu gibt beispielsweise das ebenfalls im Gütersloher Verlagshaus erschienene Buch mit Krippenspielen:

Die schönsten Krippenspiele. Leicht umsetzbare Aufführungen zur Weihnachtszeit, ISBN 978-3-579-05863-4

Dauer: Für das Einüben eines kleinen Stückes und die Gestaltung der Puppen und Requisiten brauchen Sie mehrere Zusammenkünfte

Material: Stoffe, Nadel und Faden, Scheren, Papier, kleine Bühne, Styropor für die Köpfe, Farben zum Bemalen, diverse Deko-Artikel je nach gewähltem Stück

SAMMELAUFGABE

WIE HEISST DER JAHRMARKT IN WELCHER STADT?

Die Märkte haben in den verschiedenen Städten bestimmte Namen. In Bremen ist es der Freimarkt, in Oldenburg der Kramermarkt, in Stuttgart der Cannstatter Wasen. Tragen Sie mit den Teilnehmenden zusammen, wie die Märkte in der eigenen Umgebung heißen und wie die Märkte in der Kindheit hießen. In vielen Gegenden sind mit den Märkten bestimmte Bräuche verbunden. Beispielsweise gibt es bestimmte Gerichte erst, wenn der Markt gewesen ist. Im Norden gibt es das Nationalgericht »Grünkohl« erst, wenn in Zetel der Markt stattgefunden hat, also Zeteler Markt war. Tragen Sie solche Bräuche zusammen und lassen Sie davon erzählen.

Dauer: 20 Minuten

Material: keines

ERZÄHLIMPULS

RIESENRAD

Suchen Sie sich im Internet ein schönes Bild von einem Riesenrad und drucken Sie es mehrfach aus. Nun stellen Sie die Aufgabe, man möge sich in Gedanken auf dieses Riesenrad begeben und den anderen von diesem Gedankenplatz aus einen Blick auf die Stadt oder das Dorf der eigenen Kindheit beschreiben.

Dauer: je nach Teilnehmerzahl, erfahrungsgemäß pro Teilnehmer ca. 3 Minuten, sodass Sie ggf. in kleinen Gruppen arbeiten sollten, damit das Zuhören nicht zu lang wird.

Material: Bilder von einem Riesenrad

KREATIVES

LEBKUCHENHERZ

Besorgen Sie Lebkuchenherzen, die noch nicht verziert sind und die keine Schrift haben. Wenn Sie Puderzucker und Lebensmittelfarbe in kleinen Tuben bereithalten, können die Teilnehmenden ihr eigenes Lebkuchenherz selber gestalten. Oder Sie lassen vom Bäcker ein großes Herz anfertigen, das Sie mit allen zusammen kreativ gestalten. Es kann an geeigneter Stelle im Haus aufgehängt werden oder Sie versteigern es für einen guten Zweck.

Dauer: ca. 45 Minuten

Material: kleine Lebkuchenherzen oder ein großes, Lebensmittelfarben, ggf. Zuckerdekoartikel

ZUORDNUNGSSPIEL

GROSSE WEITE WELT

Die Jahrmärkte brachten in die entlegenen Dörfer fremde Speisen und Getränke. Lassen Sie von den Teilnehmenden zusammentragen, welche Städte oder Gegenden es gibt, die mit einem bestimmten Lebensmittel oder Gericht verbunden sind. Wenn der Strom der eigenen Ideen versiegt, dann können Sie die Städte oder Gegenden benennen, zu denen den Teilnehmenden dann sicherlich die entsprechenden Lebensmittel einfallen werden. So könnten die Antworten sein:

Aachener	Printen
Leipziger	Allerlei

Ammerländer	Schinken
Oldenburger	Grünkohl
Karlsbader	Oblaten
Lübecker	Marzipan/Hochzeitssuppe
Dresdner	Stollen
Bremer	Klaben
Münchner	Weißwurst
Nürnberger	Rostbratwürstchen/Lebkuchen
Frankfurter	Würstchen/grüne Soße
Braunschweiger	Gekochte
Rügenwalder	Teewurst
Wiener	Würstchen
Mailänder	Schnitzel
Zürcher	Geschnetzeltes
Schwäbische	Maultaschen
Büsumer	Krabben
Linzer	Torte
Schwarzwälder	Kirschtorte
Königsberger	Klopse/Marzipan
Rheinischer	Sauerbraten
Westfälischer	Pickert
Schwetzinger	Spargel
Bühler	Zwetschgen
Oldenburger	Torfsoden
Salzburger	Nockerln
Neapolitanische	Pizza
Serbisches	Reisfleisch
Holledauer	Hopfen
Helgoländer	Hummer

Harzer	Käse
Teltower	Rübchen
Berliner	Weiße
Bündner	Fleisch
Kieler	Sprotten
Altländer	Äpfel

Dauer: 15 Minuten
Material: die Liste mit den Zuordnungen

ZUM VORLESEN

FÜNF MARK

Es war Kirmes in unserem Dorf, und natürlich gingen wir drei Kinder hin. Jeder von uns bekam 50 Pfennig. Peter, der Älteste von uns, erhielt von Vater den Auftrag, ihm am Ende des Kirmesbesuchs einen geräucherten Aal mitzubringen. Einen blanken, silbernen Fünfer gab Vater ihm, und Peter steckte das Geld in seine Hosentasche. »Aber nicht für etwas anderes ausgeben! Hört ihr?« Diese Ermahnung mussten wir uns noch anhören. Grete und ich, ich heiße übrigens Erwin, wir gingen zusammen mit Peter los. Was wir alles vorhatten! Zuckerwatte wollte ich, Lakritz Grete und Peter wollte mit dem Kettenkarussell fahren. Hoffentlich würden dazu unsere 50 Pfennige reichen! Mehr hatten wir nicht.
Es machte viel Spaß, aber leider war das Geld schnell alle. Und niemand wagte daran zu denken, dass wir Vaters fünf Mark für uns ausgeben könnten. Aber auch das Zuschauen machte Freude. Der köstliche Geruch der gebrannten Mandeln war schließlich kostenlos zu bekommen. Und auch die Musik vom

Drehorgelmann konnte man gratis hören. So tollten wir auf der Wiese herum, spielten Ticker und schauten immer mal wieder zur Kirmes hinüber. Dann fand Grete 5 Mark auf der Wiese. Laut jubelte sie, und wir freuten uns natürlich mit ihr. Was wir damit noch alles erleben konnten! Eintritt in das Kaspertheater, Riesenrad, Liebesäpfel und gebrannte Mandeln nicht nur riechen. Peter wagte sich sogar an die Schießbude und traf auch tatsächlich eine kleine Blume, die er Mutter mitbringen wollte.

Das Läuten der Kirchturmuhr ermahnte uns an die Zeit, zu der wir wieder zu Hause sein sollten. Wir wollten nicht ungehorsam sein, also gingen wir zum Abschluss noch zu dem Stand mit den Räucheraalen, von denen wir ja einen für Vater mitbringen sollten.

Immer nervöser suchte Peter in seinen Hosentaschen, aber sosehr er auch suchte, das Geld war weg.

Nun war uns klar, welches Fünfmarkstück es gewesen war, das Grete gefunden hatte. Peter hatte es beim Herumtollen aus der Hosentasche verloren. Aber würde Vater uns das glauben?

Mit sehr bedenklichen Schritten gingen wir nach Hause. Wenn wir auch noch unpünktlich kämen, wäre alles noch schlimmer. »Na, was habt ihr erlebt?«, fragte Mutter, und Vater schaute nach dem Aal, den er doch in unseren Händen vermutete. Kleinlaut beichteten wir, was geschehen war. Zuerst runzelte Vater die Stirn, aber dann glaubte er uns die Geschichte und war nicht böse. Allerdings mussten wir am nächsten Tag jeder eine Stunde auf dem Hof arbeiten, um den Schaden wiedergutzumachen. Das war ja noch mal gutgegangen.

Original nicht auffindbar
(aus dem Gedächtnis nacherzählt von Rita Kusch)

Dauer: ca. 7 Minuten Vorlesezeit

Material: Geschichte

MONATSTHEMA NOVEMBER: Buntes Allerlei für das Gedächtnis

Der November ist traditionell ein Monat mit vielen dunklen Tagen. Besonders die alten Menschen erinnern sich in diesem Zusammenhang an viele Verluste und schwere Abschnitte des Lebens. Deshalb soll in diesem Monat eine Vergewisserung dessen erfolgen, was die alten Menschen alles an Erfahrungen gesammelt haben, wie viel Wissen sie anhäufen konnten und was sich in ihrem Gedächtnis alles verbirgt. Mit einem bunten Mix an Aufgaben zum Erzählen, Raten und Zuordnen können die Menschen spüren, wie reich ihr Schatz an Lebenserfahrung ist.

EIGENE ANNÄHERUNG AN DAS THEMA

Wie geht es Ihnen mit den dunklen Novembertagen? Auf welche Lebenserfahrungen blicken Sie selbst zurück und welche mögen Sie erzählen? Was wissen Sie über das Gedächtnis älter werdender Menschen? Gibt es jemanden in Ihrer Nähe, der Sie bei den Aufgaben zum Gedächtnistraining unterstützen könnte? Vielleicht fragen Sie in einer nahegelegenen Altenpflegeschule nach und laden jemanden aus der Dozentenschaft zu einem Nachmittag ein.

ERZÄHLIMPULS

KOMMUNIKATIONSSPIEL LEBENSERFAHRUNG

Suchen Sie sich einen schönen Kalender, den Sie nicht mehr benötigen, und schneiden Sie daraus Kärtchen, auf deren Rückseite Sie Fragen schreiben, über die die alten Menschen ins Gespräch kommen sollen. Schön ist es, wenn die Fragen mit den Bildern harmonieren.
Hier meine Vorschläge für die Fragen:

- Wobei geht Ihnen das Herz auf?
- Was sind die Sonnenseiten des Alters? Was ist im Alter schöner als in der Jugend?
- An welche wichtige und gute Entscheidung in Ihrem Leben erinnern Sie sich?
- Wann in Ihrem Leben hatten Sie das Gefühl, sie stünden an einer Brücke oder einer Schwelle zu einem neuen Abschnitt?
- Erzählen Sie ein schönes Erlebnis mit Tieren!
- Woraus schöpfen Sie Mut und Kraft für Ihr Leben?
- Wir hören gerne ein schönes Erlebnis aus Ihrer Kindheit!
- Welche Zeit in Ihrem Leben war von besonderer Freude erfüllt?
- Konnten Sie schon einmal für jemanden ein Engel sein?
- War schon einmal jemand für Sie ein Engel?
- Erzählen Sie von einer völlig unerwarteten Hilfe, die Sie erfahren haben!
- Wann hatten Sie schon einmal das Gefühl, besonders behütet zu sein?
- Mussten Sie schon einmal in den berühmten sauren Apfel beißen?

Dauer: 30 Minuten

Material: die Kalenderblätter mit den Fragen auf der Rückseite

ERZÄHLIMPULS

MEINE EIGENSCHAFTEN

Bitten Sie alle Teilnehmenden darum, fünf eigene Eigenschaften auf einen Zettel zu schreiben. Es sollen solche Eigenschaften sein, die man an sich selbst als besonders empfindet. Es soll kein Name auf den Zetteln vermerkt werden.
Sammeln Sie alle ausgefüllten Zettel ein. Dann nehmen Sie einen Zettel und lesen die fünf Eigenschaften vor. Die Gruppe soll nun zu erraten versuchen, wer das ist, der diese fünf Eigenschaften hat.

Sicherlich sehen Sie schon anhand der Beschreibung, dass dieser Impuls nur eingesetzt werden kann, wenn man eine Gruppe hat, die sich schon lange kennt und in der viel Vertrauen und Offenheit herrschen.

Dauer: pro Teilnehmer 3 Minuten

Material: Stifte und Papier

ZUORDNUNGSSPIEL

TIEREN EIGENSCHAFTEN ZUORDNEN

Nennen Sie das Tier und lassen Sie die Gruppe eine Eigenschaft zuordnen. Natürlich geht das auch umgekehrt. Bei einigen Beispielen nennt die Gruppe möglicherweise auch andere Eigenschaften oder ein anderes Tier. Bestehen Sie dann nicht darauf, dass die Vorgabe hier unbedingt richtig ist.

Biene – fleißig

Bär – stark

Eichhörnchen – flink

Elster – diebisch

Esel – störrisch

Fisch – stumm

Fuchs – schlau

Gans – eingebildet

Hase – ängstlich

Lamm – fromm

Luchs – schlau

Ochse – stur

Pfau – eitel

Reh – scheu

Schlange – falsch

Schwan – anmutig

Spatz – frech

Taube – friedlich

Hecht – toll

Gockel – eingebildet

Auf dieser Internetseite finden sich dazu weitere Informationen: http://www.wispor.de/w-eig-ti.htm

Sie können das Spiel per Zuruf durchführen oder aber eine Liste mit den Tieren in die Runde geben und schriftlich ergänzen lassen.

Dauer: 10 Minuten

Material: die Liste (siehe CD → Vorlagen → Tiereigenschaften) mit den Tiernamen und Eigenschaften

DISKUSSION

ZEHN EIGENSCHAFTEN, DIE EIN MENSCH HABEN SOLLTE

Lassen Sie die Gruppe in Kleingruppen zusammentragen, welche zehn Eigenschaften ein Mensch haben sollte, der als ein positiver, guter Mensch gelten kann. Zunächst erfolgt die Sammlung dazu in den Kleingruppen, dann sollen alle ihre Liste mit den zehn Eigenschaften vortragen. Sicherlich kommt es zu einem Austausch darüber, welche Eigenschaften gut und wichtig sind und warum das so gedacht wird.

Bleiben Sie bei der Beschränkung auf zehn Eigenschaften, weil es bei einer größeren Zahl leicht ausufert und unübersichtlich wird. Außerdem lädt die Begrenzung dazu ein, sich auf das Wesentliche zu beschränken.
Ich stelle es mir interessant vor, diese Aufgabe, zehn Eigenschaften eines guten Menschen zusammenzustellen, auch in andere Kreise zu geben, die sich im Gemeindehaus oder in Ihrer Einrichtung treffen. So bekäme man einen guten Eindruck davon, wie sich diese Einschätzung in den Jahren verändert hat. Bitten Sie also auch die Konfirmanden, den Kindergottesdienst und den Frauen- oder Männerkreis darum, so eine Liste zu erstellen, und kommen Sie darüber ins Gespräch.

Die Erstellung der Listen mit den zehn Eigenschaften leitet über in die Frage, wie sich die Wertvorstellungen von Menschen in den letzten Jahrzehnten verändert haben. Achten Sie hier aber darauf, dass die Gegenüberstellung von früheren Werten und den heutigen Eigenschaften nicht zu plakativ wird.

Dauer: 45 Minuten

Material: Stifte und Papier

ZUORDNUNGSSPIEL

EIGENSCHAFTEN UND IHR GEGENTEIL

Nennen Sie der Gruppe die nachstehend aufgeführten Eigenschaften und fordern Sie dazu auf, jeweils das Gegenteil zu benennen. Wichtig ist dabei, dass Sie von leicht zu lösenden Aufgaben zu schwereren gehen.
Passen Sie die Reihenfolge an Ihre Gruppe an.

lang – kurz
breit – schmal
groß – klein
dick – dünn
ernst – heiter
hell – dunkel
leicht – schwer
fröhlich – traurig
heiß – kalt
stumpf – spitz
zusammen – allein
laut – leise
immer – nie
fromm – heidnisch
großzügig – geizig
spannend – langweilig
hungrig – satt
bunt – einfarbig/uni
nüchtern – betrunken
schnell – langsam
mutig – feige
klug – dumm
teuer – billig
schlecht – gut
jung – alt
viel – wenig

akkurat – ungenau
oberflächlich – tiefgründig
gut – böse
professionell – laienhaft
oben – unten
aktiv – passiv
anders – genauso
besser – schlechter
bitter – süß
blass – rosig
echt – gefälscht
feucht – trocken
fremd – vertraut
frisch – verdorben
gemischt – getrennt
glänzend – matt
grob – fein
hart – weich
heimlich – öffentlich
interessant – langweilig
kahl – bewaldet
kräftig – schwach
krumm – gerade
kühl – sonnig/warm
langweilig – interessant
lebhaft – träge

leer – voll	viel – wenig
locker – angebunden	voll – leer
mühsam – leicht	wenig – viel
privat – öffentlich	wild – zahm
stark – schwach	

Weitere Ergänzungsmöglichkeiten werden Sie sicherlich selbst finden. Oder stellen Sie der Gruppe die Aufgabe, weitere Möglichkeiten zu suchen und einander zur Ergänzung anzubieten.

Ein Blick auf diese Internetseite ist sicher hilfreich: http://www.sign-lang.uni-hamburg.de/alex/lemmata/oberbegr/eigenschaften.htm

Dauer: 15 Minuten

Material: die Liste mit den Eigenschaften (siehe CD → Vorlagen → Eigenschaften – Gegenteil)

GESPRÄCHSIMPULS

WAS IST ALLES SO?

Schreiben Sie alle Eigenschaften, die oben zur Ergänzung aufgeführt worden sind, auf Kärtchen. Legen Sie die Kärtchen mit der Schriftseite nach unten auf den Tisch, und zwar so, dass man gut von einem Kärtchen zum nächsten springen kann. Stellen Sie jeder Tischgruppe einen Würfel und einen größeren Spielstein zur Verfügung. Die Spieler benutzen den Spielstein gemeinsam. Der älteste Spieler beginnt mit dem Würfeln und setzt den Stein so weit, wie er Augen gewürfelt hat. Dieses Kärtchen wird dann umgedreht und die Gruppe trägt zusammen, was alles so ist. Hat also jemand das Kärtchen »kalt« erwischt, tragen alle zusammen, was alles kalt ist. Sie werden bemerken, dass es zunächst immer konkrete Dinge sind, die da benannt werden, also beispielsweise Eis, Schnee, Winter etc., es dann aber zu abstrakten Nennungen kommt, z. B. Atmosphäre, Herz, Stimmung …

Sie als Gruppenleitung haben die Möglichkeit, die Einfälle zu sammeln und daraus Hinweise auf mögliche Interessen für weitere Themen zusammenzustellen. So bietet dieses Spiel eine ganz eigene Ideenbörse, die Sie notieren sollten.

Dauer: 30 Minuten

Material: die Kärtchen mit den Eigenschaften, einen Würfel, einen Setzstein pro Spielergruppe

RATESPIEL

WAS WÄRE SIE, WENN SIE EIN TIER WÄRE?

Bitten Sie einen Teilnehmenden, für einen Moment vor die Tür zu gehen. In der Zeit einigt sich die Gruppe darauf, wer in dem folgenden Spiel erraten werden soll. Es muss jemand sein, den alle etwa gleichermaßen gut kennen.
Der Spieler, der vor der Tür war, also die Verabredung nicht mitbekommen hat, kann nun wieder hereinkommen. Er stellt der Gruppe Fragen. »Wenn der Gesuchte ein Tier wäre, welch ein Tier wäre er oder sie?« Jeweils ein Mitglied der Gruppe beantwortet die Frage. Dann wird weitergefragt. Es lohnt sich, noch zu fragen nach:

- Baum
- Blume
- Möbelstück
- Lebensmittel
- Getränk
- Verkehrsmittel
- Süßigkeit
- Landschaft
- Behausung

Es hört sich vielleicht etwas ungewöhnlich an, aber aus diesen Vergleichen kann man wirklich sehr leicht herausfinden, wer der oder die Gesuchte ist. Und es ist interessant, mit welchen Tieren, Blumen, Bäumen etc. jemand verglichen wird. Geben Sie der Person, die erraten wurde, auch noch Gelegenheit, nachzufragen, warum sie gerade so beschrieben wurde.

Dauer: pro Teilnehmer ca. 5 Minuten
Material: keines

ERGÄNZUNGSAUFGABE

SPRICHWÖRTER ERGÄNZEN

Schreiben Sie die gängigsten Sprichwörter so auf Kärtchen, dass der Anfang in Grün und das Ende des Sprichwortes in Rot zu finden sind. Auf einem großen Tisch sollen die Teilnehmenden die Sprichwörter nun richtig zuordnen.
Wenn Sie dieses Ergänzungsspiel mit einer größeren Gruppe

versuchen wollen, brauchen Sie mehrere Spiele. Vielleicht haben die Teilnehmenden Spaß an einem Wettbewerb.
Wenn Sie diese Aufgaben mit Menschen mit Demenz spielen, verzichten Sie auf die Kärtchen und lesen Sie jeweils den Anfang des Sprichwortes vor. Die Ergänzung fällt nicht schwer.
Sie können diese Ergänzungsaufgabe auch so durchführen, dass die Teilnehmenden an Tischen in Kleingruppen zunächst Sprichwörter sammeln. Als Aufgabenstellung für die anderen Kleingruppen nennen sie dann jeweils den Anfang oder das Ende des Sprichwortes und lassen die anderen Spieler ergänzen.
Es ist übrigens sehr viel schwerer, wenn das Ende des Sprichwortes benannt wird und man den Anfang ergänzen muss. Hier haben Sie also eine Möglichkeit, den Schwierigkeitsgrad an die Gruppe anzupassen bzw. ihn zu steigern.

Eine Sammlung von Sprichwörtern finden Sie hier: http://de.wikiquote.org/wiki/Deutsche_Sprichw%C3%B6rter

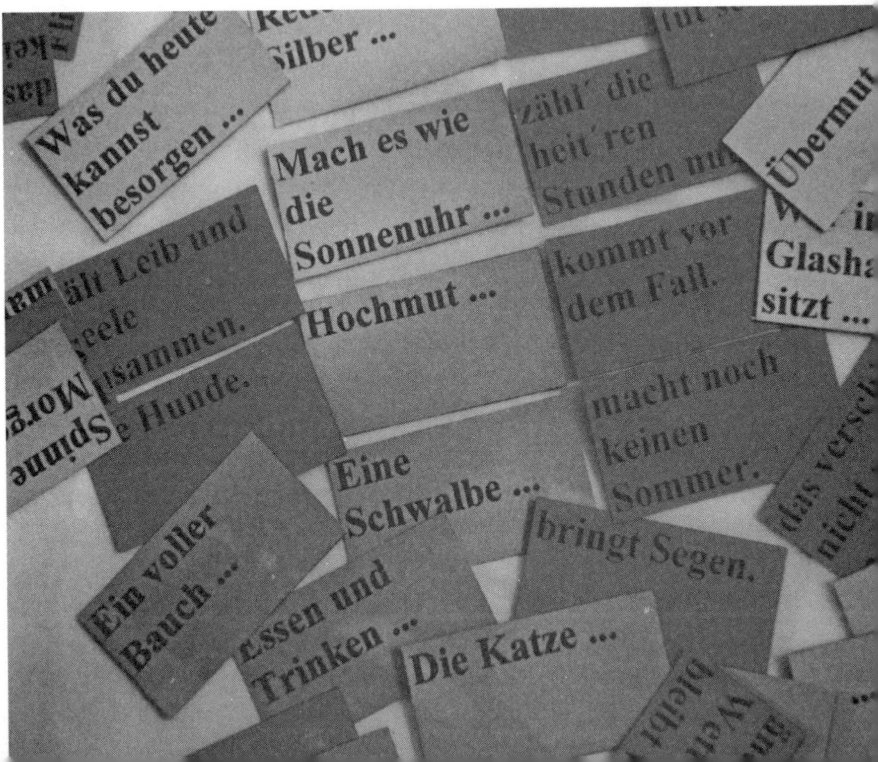

Dauer: je nach Kartenzahl

Material: die Kärtchen mit den Anfängen und Enden der Sprichwörter

ERZÄHLIMPULS

Fragen Sie Ihre Teilnehmenden, welches Sprichwort sich in ihrem Leben als wahr erwiesen hat, und laden Sie dazu ein, das an Beispielgeschichten zu erläutern.

Dauer: je nach Teilnehmerzahl

Material: keines

ZUORDNUNGSSPIEL UND MUSIK

ERINNERUNG AN SCHÖNE LIEDER – LIEDMEMORY

Besorgen Sie sich zwei identische Kalender mit schönen Bildmotiven. Schneiden Sie die Bilder gleich groß aus und kleben Sie die Rückseite mit einfarbigem Papier ab. Nun legen Sie die Motive so hin, dass immer die beiden mit dem gleichen Motiv nebeneinander liegen. Schreiben Sie auf eines der Kärtchen den Anfang eines bekannten Volksliedes oder Schlagers und auf das andere, wie das Lied weitergeht.
Nun haben Sie 24 Kärtchen mit zwölf Liedern.
Legen Sie die Karten mit der Bildseite nach unten auf den Tisch und fordern Sie die Teilnehmenden dazu auf, die Liedzeilen einander richtig zuzuordnen. Wenn das geschehen ist, dann kann man durch das Umdrehen der Kärtchen leicht überprü-

fen, ob alles richtig ist. Das ist dann der Fall, wenn die Motive übereinstimmen. So eignet sich das Spiel auch gut zum Weitergeben an jüngere Menschen in der Altenpflege, die das alte Liedgut nicht mehr so gut kennen.

Diese Lieder habe ich gewählt:

Befiehl du deine Wege	und was dein Herze kränkt
Sah ein Knab ein Röslein stehn	Röslein auf der Heide

Der Mond ist aufgegangen	die goldnen Sternlein prangen
Wir pflügen und wir streuen	den Samen auf das Land
Wie lieblich ist der Maien	aus lauter Gottesgüt
Geh aus, mein Herz,	und suche Freud
Im Frühtau zu Berge	wir ziehn, fallera
Hey, ho, spann den Wagen an,	denn der Wind treibt Regen übers Land
Es tönen die Lieder,	der Frühling kehrt wieder
Winter ade,	scheiden tut weh
Schneeflöckchen, Weißröckchen,	wann kommst du geschneit
Ein feste Burg ist unser Gott,	ein gute Wehr und Waffen
Im Märzen der Bauer	die Rösslein einspannt

Dauer: 15 Minuten

Material: je zwei identische Bilder mit den Liedversen auf der Rückseite

RATESPIEL

LEXIKONSPIEL

Suchen Sie sich aus einem Lexikon einige Wörter heraus, von denen Sie vermuten, dass diese niemand wirklich kennt. Schreiben Sie dann zu diesen Worten ausgedachte Erklärungen auf, die sich so anhören sollen, als stünden sie in einem Lexikon.

Auch die richtige Erklärung notieren Sie. Dann stellen Sie den Teilnehmenden die erdachten Erklärungen und die richtige Erklärung vor. Die Teilnehmenden sollen entscheiden, welches die richtige Erklärung ist. Hier ein Beispiel:

1. Gibus, der, Abkürzung für einen in den Ausmaßen gigantischen Bus
2. Gibus, der, Klappzylinderhut
3. Gibus, der, in der afrikanischen Steppe lebender Storchenvogel
4. Gibus, das, grasartige Pflanze, die auch in sehr kalten Gegenden noch wachsen kann

Was, meinen Sie, ist richtig? Es ist die Nummer 2.
Sie können es auch so angehen, dass Sie den Teilnehmenden auf ein Blatt Papier ca. vier Begriffe aufschreiben, die keinem bekannt sein dürften. Lassen Sie zwischen den Begriffen jeweils Platz für die Erklärung, die sich nun die Teilnehmenden ausdenken sollen. Sie haben selbst ein Blatt mit den richtigen Erklärungen erstellt. Nun sammeln Sie die von den Teilnehmenden erstellten Erklärungen wieder ein, mischen die richtige Erklärung darunter und lesen dann zu jedem Begriff die richtige und die falschen Erklärungen vor. Die Gruppe soll raten, was richtig ist. Verändern Sie bei dem nächsten Begriff die Reihenfolge der vorgelesenen Erklärungen.

Dauer: pro Begriff ca. 5 Minuten, bei Erarbeitung durch die Gruppe 30 Minuten

Material: Lexikon, ausgewählte Begriffe, Papier und Stifte

FAMILIENNAMEN

Lesen Sie den Teilnehmenden die folgenden Fragen vor und lassen Sie sie per Zuruf beantworten:

Die Mutter meines Mannes ist meine	Schwiegermutter
Der Sohn meines Bruders ist mein	Neffe
Der Vater meines Vaters ist mein	Großvater
Der Sohn meines Sohnes ist mein	Enkel
Die Tochter meiner Schwester ist meine	Nichte
Die Schwester meines Großvaters ist meine	Großtante
Die Mutter meiner Mutter ist meine	Großmutter
Der Bruder meiner Mutter ist mein	Onkel
Der Bruder meines Mannes ist mein	Schwager
Der Sohn meiner Enkelin ist mein	Urenkel
Die Tochter meines Onkels ist meine	Cousine
Die Frau meines Bruders ist meine	Schwägerin
Der Vater meines Mannes ist mein	Schwiegervater
Die Schwester meiner Mutter ist meine	Tante
Der zweite Sohn meiner Eltern ist mein	Bruder
Die Schwester meiner Schwägerin ist meine	Schwippschwägerin

Im Anschluss an dieses Ratespiel kann man gut die Geschichte vorlesen, in der sich ein Mann fragt, ob er wohl nun sein eigener Großvater sei.

Sie finden sie auf dieser Internetseite: http://www.henningschuerig.de/blog/2007/wie-ich-mein-eigener-grossvater-wurde/

ZUORDNUNGSSPIEL

TIERFAMILIEN

Fast noch schwieriger als bei uns Menschen ist es, die Namen der Familienmitglieder in einigen Tierarten zuzuordnen. Nennen Sie jeweils einen Namen und lassen Sie die Teilnehmenden die anderen beiden ergänzen. Sie können auch einen Lückentext erstellen, in den die richtigen Bezeichnungen eingetragen werden müssen.

Vater	Mutter	Kind
Eber	Sau	Ferkel
Hengst	Stute	Fohlen
Rüde	Hündin	Welpe
Fuchs	Fähe	Fuchswelpen
Bock	Ricke	Kitz
Ganter	Gans	Gössel
Erpel	Ente	Entenküken
Gockel	Glucke	Küken
Kater	Katze	Kätzchen

Ziegenbock	Geiß	Zicklein
Widder	Schaf	Lamm
Bulle	Kuh	Kalb
Keiler	Bache	Frischling

Beachten Sie bitte, dass manche der Bezeichnungen regional unterschiedlich sind. Bei mir kommt die nördliche Färbung durch.

Dauer: per Zuruf 5 Minuten, ausgefüllter Lückentext 10 Minuten

Material: die Liste oben (siehe CD → Vorlagen → Tierfamilien) oder den erstellten Lückentext

GESCHICHTE

KATZE VOLLBRINGT HELDENTAT

Wenn mein Mann und ich wieder einmal sehr volle Terminkalender haben, dann verständigen wir uns manchmal durch solche kleinen bunten Klebezettel, die oben einen Klebestreifen haben und die man so praktisch irgendwo aufhängen kann. Bei uns ist dieses »Irgendwo« die Küche. Dort steht dann: »Bin einkaufen« oder: »Denkst du an Rotwein?« oder: »Bin gegen 19.00 Uhr zurück!«
Neulich stand auf einem dieser praktischen Klebezettel: »Katze hat Heldentat vollbracht! Bitte zur Belohnung Rinderhack besorgen!« Sonst stand da nichts. Typisch Mann, bloß nicht zu viele Informationen rausgeben! Neugierig suchte ich im Haus nach der Katze.
Die schlief auf dem Sofa und riskierte nur ein Auge, als ich sie ansprach. Was mir allerdings auffiel, war, dass die Küche frisch

gefeudelt war. Das ist für einen Freitag ungewöhnlich, denn unsere Putzfrau kommt donnerstags.
Als brave Ehefrau folgte ich der Aufforderung auf dem Klebezettel und kaufte Tartar, denn es musste ja wohl etwas Besonderes geschehen sein. Obwohl die Katze sonst sehr kommunikativ war, konnte ich von ihr heute nichts erfahren. Ich musste notgedrungen warten, bis mein Mann und persönlicher Hirte zurückkäme. Das war zum Glück nicht allzu lange. Und bei Rotwein und einer Pfeife hat er mir dann erzählt, was in den frühen Nachmittagsstunden im Pfarrhaus passiert war.
Mein Mann hatte ein kurzes Mittagsschläfchen machen wollen, aber die Katze miaute und kratzte, sprang auf das Sofa und kitzelte seine Nase. Zweimal scheuchte er sie weg, aber sie ließ nicht locker.
Also stand er auf und folgte ihr in die Küche. Dort schwamm der Fußboden. Wasser floss aus dem Hauswirtschaftsraum und bewegte sich in Richtung Wohnzimmer und Parkett. Der Übeltäter für diese Überschwemmung war der Schlauch der Waschmaschine, der aus dem Becken gerutscht war. So konnte das Wasser nicht abfließen, sondern ergoss sich auf den Boden.
Damit hatte die Katze ihren Anteil an der Rettungsaktion beendet und legte sich wieder auf das Sofa, dorthin, wo es noch ein bisschen warm war und wo die Decke lag, auf die sie sonst nicht durfte.

Mein Mann und persönlicher Hirte feudelte die Küche und schrieb den kleinen Zettel mit der Aufforderung, Rinderhack für die Heldin zu kaufen.
Und diese Belohnung bekam sie dann auch, serviert auf einem Teller mit Goldrand. Wir diskutierten noch eine Weile, ob wir sie nun »Lassie« nennen sollten, von dem wir solche Taten aus der Fernsehsendung unserer Kindheit kannten. Aber Katzen hören, wenn überhaupt, lieber auf Namen, in denen ein i und ein u vorkommen. Also ließen wir es bei Luzi. Am Abend durfte sie noch einmal auf der verbotenen Decke liegen und außerdem das Fernsehprogramm des Abends bestimmen.

Regen Sie Ihre Teilnehmenden an, ein eigenes Erlebnis mit Tieren zu erzählen.

MONATSTHEMA DEZEMBER:
Sterne

Mit der letzten Einheit sind wir miteinander in der Adventszeit angekommen, eine Zeit, die für viele alte Menschen einerseits mit schönen Erinnerungen verbunden ist. Andererseits wird aber möglicherweise eigene Einsamkeit in dieser Zeit schmerzlich bewusst.
Einige der älteren Menschen erleben sehr viele Adventsfeiern, für einige wird die mit Ihnen zusammen die einzige sein.
Als Leitthema habe ich in diesem Jahr den Weihnachtsstern gewählt. Geschichten und Aktivitäten ranken sich um den Stern von Bethlehem, aber auch um Sterne und Sternchen im weiteren Sinne. Viele der methodischen Anregungen passen auch in eine andere Zeit als die Adventszeit.

EIGENE ANNÄHERUNG AN DAS THEMA

Wie gestalten Sie die Adventszeit persönlich? Was ist Ihnen wichtig? Was wollen Sie Ihren Teilnehmenden vermitteln? Gibt es in Ihrer Nähe eine Sternwarte oder kennen Sie jemanden, der Ihnen bei der Vermittlung des Themas behilflich sein könnte? Wollen Sie das Zusammensein adventlich gestalten oder nutzen Sie das Thema allgemeiner?

INFORMATIONEN

Die Internetseite von Wikipedia gibt interessante Informationen zum Stern von Bethlehem, die zusammengefasst eine gute Einleitung sein können: http://de.wikipedia.org/wiki/Stern_von_Betlehem

Der Weihnachtsstern ist aber ja auch eine Zimmerpflanze. Auf dieser Internetseite gibt es dazu gute Informationen: http://de.wikipedia.org/wiki/Weihnachtsstern_(Pflanze)

HERRNHUTER STERN

In vielen Kirchen und Gemeinden hängt in der Adventszeit der Herrnhuter Stern. Geben Sie den Teilnehmenden dazu einige Informationen.

Diese Internetseite hilft Ihnen weiter: http://de.wikipedia.org/wiki/Herrnhuter_Stern

Ein Ausschnitt aus dieser Seite kann vorgelesen werden.

DIE GESCHICHTE DES HERRNHUTER STERNS

Der Brauch, den Stern im Familienkreis zusammenzubauen und ihn am ersten Sonntag im Advent aufzuhängen, hat eine lange Tradition und ist eng mit der Geschichte der Herrnhuter Brüdergemeine, einer evangelischen Freikirche, verbunden. Anfang des 18. Jahrhunderts fanden Nachfahren der evangelischen Brüdergemeine, welche während der Gegenreformation ihre Heimat in Böhmen und Mähren verlassen mussten, auf dem Gut des Grafen von Zinzendorf in der Oberlausitz eine neue Heimat. Der von ihnen gegründete Ort Herrnhut – unter der Hut des Herrn – wurde zum Ursprungsort für die neue Herrnhuter Brüdergemeine und einer weltweiten Missionstätigkeit. Während sich die Gemeindemitglieder in vielen Teilen der Welt ihrer Missionsarbeit widmeten, erhielten deren Kinder in den Herrnhuter Internaten eine sehr gute Schulausbildung für ihr zukünftiges Leben.

Am Anfang war die Mathematik

So wurden die ersten Sterne in den Internatsstuben der Brüdergemeine gebastelt. Anfang des 19. Jahrhunderts baute ein Erzieher anlässlich eines Schuljubiläums einen Stern aus Papier und Pappe und hängte diesen mit einer Beleuchtung auf. Später wurde das Sternebasteln in den Mathematik- und Geometrieunterricht aufgenommen, um das räumliche Denken zu verbessern und geometrische Körper zu formen und zusammenzusetzen.

Zu Beginn der Adventszeit bauten die Schüler die Sterne gemeinsam auf und schmückten mit ihnen ihre Internatsstuben. Diese besinnlichen Stunden in der Gemeinschaft waren so zugleich glückliche Stunden in den Internatsgruppen und halfen den Kindern auch, die Trennung von ihren Familien leichter zu verwinden und die vorweihnachtliche Zeit zu genießen. Diesen Brauch übernahmen sie später als Kindheitserinnerung in ihre eigenen Familien. Da nach dem Sinne der Herrnhuter Brüdergemeine sich auch die ehemaligen Internatskinder oft missionarischen Tätigkeiten in einer Vielzahl von Ländern widmeten, verbreitete sich so der Brauch des »Sternelns« in der ganzen Welt. Bis heute hat sich so die Tradition erhalten, den Stern am ersten Sonntag im Advent im Familienkreis aufzubauen und die besinnliche Weihnachtszeit einzuläuten.

http://www.herrnhuter-sterne.de/firma/tradition.html

Lassen Sie die Teilnehmenden auch von eigenen Herrnhuter Sternen erzählen. Fragen Sie nach, wie sie selbst in dieser Zeit ihr Haus oder ihre Wohnung dekorieren.

Dauer: ca. 20 Minuten

Material: die Informationen zum Herrnhuter Stern, möglichst auch ein Anschauungsobjekt

KREATIVES

AUSMALBILD

Kopieren Sie diese Vorlage (siehe CD → Vorlagen → Weihnachtsstern) für die Teilnehmenden und stellen Sie Buntstifte in den entsprechenden Farben zur Verfügung.

Das Bild ist von dieser Internetseite: http://www.kostenlose-ausmalbilder.de

Das fertige Bild kann auf eine Doppelkarte geklebt werden und kann dann als Weihnachtsgruß benutzt werden.

LEUCHTBILD

Sie können auch ein durchscheinendes Bild daraus entstehen lassen. Kopieren Sie die Vorlage dazu so auf das Papier, dass rechts und links daneben noch Platz ist. Das Bild ist dann in der Mitte und die Seiten können nach hinten gefaltet werden, sodass das Bild stehen kann. Für dieses Leuchtbild müssen die Farben (ausschließlich Buntstifte) kräftig aufgetragen werden. Sind die Teilnehmenden mit dem Malen fertig, wird auf die Rückseite Speiseöl gestrichen. Das führt dazu, dass das Papier durchscheinend wird. Lassen Sie das Bild einige Minuten auf Küchenkrepp liegen, damit das Öl sich gut verteilen kann. Stellt man dann ein Teelicht dahinter, sieht das sehr schön aus.
Diese Technik kann selbstverständlich mit vielen verschiedenen Motiven ausgeführt werden.

Dauer: 15 Minuten
(bei der Leuchtvariante plus 15 Minuten Trockenzeit)

Material: kopierte Vorlagen des Weihnachtssterns (siehe CD → Vorlagen → Weihnachtsstern), Buntstifte, ggf. Öl, Pinsel und Küchenkrepp zum Abtrocknen

ZUM VORLESEN

GESCHICHTE VOM WEIHNACHTSSTERN

Es gibt eine schöne Geschichte davon, dass die Blumen sich auch auf den Weg zur Krippe machen wollen. Das Original kenne ich leider nur auf Plattdeutsch, und auch nur vom Hören. Deshalb erzähle ich die Geschichte hier mit einigen Ausschmückungen meinerseits aus dem Gedächtnis nach.

Auch die Blumen hatten davon gehört, dass in der Krippe im Stall von Bethlehem das Jesuskind geboren worden war. Und wie die Tiere wollten sich auch die Blumen auf den Weg machen, das Kind zu begrüßen. Nun war es ja aber Dezember, und da war die Auswahl der Blumen, die blühen, nicht so groß. Die Rose entschuldigte sich sofort. Sie könne nicht gehen, dazu seien ihre Blüten viel zu frostempfindlich. Die Narzissen und Tulpen wurden gar nicht erst gefragt, weil sie in dieser Zeit ja ohnehin nicht zu sehen waren. Das Schneeglöckchen wollte sich wohl auf den Weg machen, aber es fürchtete, den weiten Weg nicht zu schaffen. Außerdem waren die Blüten ja weiß, sodass man sie im Schnee sicherlich gar nicht wahrnehmen würde.

Nun war guter Rat teuer, denn es war schon auch peinlich, dass die Blumen so gar keinen Vertreter fanden, der sie an der Krippe würdig vertreten konnte.

Da meldete sich schließlich der Weihnachtsstern. Er war damals noch ganz grün. Die roten Blätter sollte er erst im Laufe der Geschichte bekommen. Ja, sagte also der Weihnachtsstern, er wollte wohl gehen, aber die anderen Blumen konnten sich diese Kollegin schlecht als Vertreterin der Blumen vorstellen. Einfach nur grün, keine Blüten, nichts Besonderes – das war ja peinlich für alle. Eine Blume ohne Blüten konnte schlecht die Vertreterin für alle sein. Aber der Weihnachtsstern blieb bei seinem Angebot. Und da es sonst keine weiteren Bewerber für den Weg zur Krippe gab, wurde der Weihnachtsstern losgeschickt. Eine schlichte grüne Blume war immerhin noch besser als gar keine.

Und dann in Bethlehem angekommen, stand also der Weihnachtsstern vor der Krippe. Es war ihm peinlich, so ganz ohne Schmuck dazustehen. Und vor lauter Scham wurden einige der inneren Blätter rot. Das sah so schön aus, dass alle, die den Weihnachtsstern sahen, sich freuten. Mitten aus den grünen Blättern hob sich das Rot so schön ab. Sogar der große Weihnachtsstern am Himmel konnte das sehen. Und als er von oben dem schönen Weihnachtsstern unten zuwinken wollte, fiel ein wenig Sternenstaub herunter. Wie kleine gelbe Flocken blieb der Sternenstaub oben auf dem Weihnachtsstern liegen.

So wurde aus dem schlichten grünen Busch der Weihnachtsstern, wie wir ihn heute kennen. Außen kräftige grüne Blätter, dann die schöne rote Farbe und in der Mitte die kleinen gelben Blütenköpfe.
Weihnachten verändert eben.

Aus dem Gedächtnis neu erzählt von Rita Kusch

Dauer: ca. 10 Minuten Vorlesezeit
Material: die Geschichte

SAMMELAUFGABE

SUMMENRÄTSEL STERN

Lassen Sie die Teilnehmenden so viele Wörter wie möglich finden, die alle mit Stern beginnen. So könnte die Lösung aussehen:

Sternenfeld, Sternenstaub, Sternzeichen, Sternbild, Sternwarte, Sternenzelt, Sternschnuppe, Sternstunde ...

Dauer: 10 Minuten
Material: wenn Sie auf Zuruf spielen, keines, sonst Papier und Stifte

STERNENRÄTSEL

Führen Sie mit den älteren Herrschaften ein Sternenrätsel durch. Vielleicht können Sie als Preis einen kleinen Herrnhuter Stern oder einen Weihnachtsstern vergeben?

Wie heißt der Stern in diesem Lied: Wie schön leuchtet der …?	Morgenstern
An welchem Tag fallen die meisten Sternschnuppen?	10. August – Sankt Laurentius
Welcher »Stern« ist meist als erster am Abendhimmel zu sehen?	Venus
Welche Geschenke brachten die Weisen aus dem Morgenland mit?	Gold, Weihrauch, Myrrhe
Was ist Myrrhe?	Baumharz
Welche Namen bekamen die Weisen später?	Caspar, Melchior, Balthasar
Wo liegen die Gebeine der Weisen aus dem Morgenland?	Kölner Dom
Welcher jüdische König empfängt die Weisen in Jerusalem?	Herodes
Wie geht es weiter? »Heimat, deine Sterne …«	Sie strahlen mir auch am fernen Ort
Wer sang dieses Lied?	Fred Bertelmann
Wie geht es weiter? »Weißt du, wie viel …«	Sternlein stehen

Zu welcher Sammlung gehört das Märchen »Sterntaler«?	Brüder Grimm
Wie heißt der Stern, der an Köche vergeben wird?	Michelin
Wie viele Sterne sind auf der amerikanischen Flagge?	50 (für 50 Staaten)
Wie viele Sterne sind auf der Europaflagge?	12 (für die Vollkommenheit)
Wie heißt der Weg in Hollywood, auf dem Sterne eingelassen sind?	Walk of Fame

Drucken Sie die Fragen für die Teilnehmenden ab, wenn Sie beispielsweise eine größere Adventsfeier in Ihrer Gemeinde anbieten. Erfahrungsgemäß nehmen die Teilnehmenden die Ratespiele gerne mit nach Hause, um sie in der Familie oder Nachbarschaft auch zu spielen. Auf der Rückseite können Sie alle Angebote Ihrer Gemeinde für die ältere Generation abdrucken, sodass Sie auf diese Weise Werbung für Ihre Arbeit machen können.

Dauer: ca. 20 Minuten

Material: die Quizfragen, ggf. auch kopiert zum Mitgeben (siehe CD → Vorlagen → Sternenrätsel)

SAMMELAUFGABE UND DISKUSSION

STERNZEICHEN – TIERKREISZEICHEN

Lassen Sie die Teilnehmenden alle Sternzeichen zusammentragen, die es gibt.

Dann sollen sie auch noch in die richtige Reihenfolge gebracht werden. So wäre die Antwort richtig:

Steinbock, Wassermann, Fische, Widder, Stier, Zwillinge, Krebs, Löwe, Jungfrau, Waage, Skorpion, Schütze

Stellen Sie nun die Frage, wie wichtig jemand die Tierkreiszeichen findet. Geben Sie wirklich Aufschluss darüber, wie jemand ist, was jemandem widerfährt? Achten Sie im Gespräch darauf, dass diejenigen, denen das Sternzeichen oder Tierkreiszeichen etwas bedeutet, nicht verspottet werden.
Beleben Sie das Gespräch zusätzlich dadurch, dass Sie die Eigenschaften, die den Tierkreiszeichen und ihren Trägern zugeordnet werden, vortragen. Die Wichtigsten habe ich Ihnen hier zusammengestellt:

Steinbock
ausdauernd, ernst, klug, strebsam, willensstark

Wassermann
erfinderisch, liebenswürdig, treu, zuverlässig

Fisch
feinfühlig, friedfertig, gemütvoll, gesprächig, heiter

Widder
mutig, strebsam, unternehmungslustig, willensstark, zielbewusst

Stier
fleißig, gütig, ordnungsliebend, selbstbewusst, standhaft, treu

Zwilling
humorvoll, lerneifrig, sprachgewandt

Krebs
anhänglich, einsichtsvoll, häuslich, vorsorgend

Löwe
idealistisch, mutig, selbstvertrauend, stolz

Jungfrau
ausdauernd, fleißig, humorvoll, pflichtbewusst, realistisch, ruhig, scharfer Verstand

Waage
gesellig, hilfsbereit, klug, musisch, sympathisch

Skorpion
ausdauernd, entschlossen, fleißig, willensstark, zäh

Schütze
offenherzig, sportlich, unternehmungslustig, wohltätig

Diese Internetseite war mir dabei hilfreich: http://www.utele.eu/blog/einfach-so/jungfraeuliche-drachen-was-sagen-sternzeichen-und-ihre-eigenschaften-aus

Die auf der Seite auch aufgeführten negativen Eigenschaften der jeweiligen Tierkreiszeichen habe ich bewusst weggelassen. Überlegen Sie gut, ob Sie Ihrer Gruppe diese Aufgabe stellen wollen. Wenn viele Menschen dabei sind, die den Sternzeichen große Bedeutung beimessen, sollten Sie diese Haltung nicht noch verstärken.

Dauer: 30 Minuten
Material: die oben aufgeführten Behauptungen

SAMMELAUFGABE UND GESPRÄCHSIMPULS

STERNSTUNDEN DER MENSCHHEIT

Lassen Sie die Teilnehmenden zusammentragen, was sie für die Sternstunden der Menschheit halten, welche Ereignisse oder Entdeckungen die Menschheit entscheidend beeinflusst und verändert haben. Stefan Zweigs Buch »Sternstunden der Menschheit« kann Ihnen dabei eine Hilfestellung sein. Es sind aber auch ganz andere Antworten denkbar, vielleicht Entdeckungen in der Medizin oder in der Naturwissenschaft, Erfindungen, die das Leben erleichtern, etc.

Stellen Sie die Aufgabe in einer größeren Gruppe zunächst in Kleingruppen, die dann ihre Ergebnisse präsentieren und die Auswahl begründen sollen.

Gut denkbar ist diese Aufgabenstellung auch für das eigene Leben. Stellen Sie die Frage, was die Sternstunden des eigenen Lebens waren. Die Konfirmation, die erste Stelle im Beruf, die Hochzeit, die Geburt der Kinder, eine besondere Reise, ein besonderes Geschenk, eine Bewahrung – das könnten die Nennungen sein.

Oder versuchen Sie das einmal für den eigenen Ort. Ein schönes Beispiel dafür sind die »Rasteder Sternstunden«, die die besonderen Phasen und Ereignisse, Bauwerke und Gegebenheiten des Ortes, aus dem ich komme, beschreiben und in den Gesamtzusammenhang einzuordnen versuchen. Dabei sind die Sternstunden nicht immer positiv zu sehen. Es gibt ja auch dunkle Sterne, die, wenn sie übersehen und ignoriert werden, wie ein Schatten über einem Ort oder einer Stadt liegen. Hier der Hinweis auf das Buch: Rasteder Sternstunden, herausgegeben von der Gemeinde Rastede/Kusch, Michael, Verlag Florian Isensee, Oldenburg, 2009

Versuchen Sie, für dieses Vorhaben eine Unterstützung von der Stadt oder der Gemeinde zu bekommen. Auch das Lesen in Kirchenchroniken oder im Archiv kann hilfreich sein. Oft gibt es pensionierte Lehrer, die bereits vieles über den Ort oder die Stadt zusammengetragen haben.
Besonders wenn Sie diesen letzten Vorschlag aufnehmen, wäre das ein gutes Thema für ein Projekt, das sich über mehrere Wochen oder gar Monate hinziehen könnte. Denken Sie dann auch an die Einbeziehung der Presse und an das spätere Veröffentlichen der zusammengetragenen Ergebnisse.

Dauer: je nach geplantem Umfang der Aufgabe

Material: Geschichtsbücher, Lexika, Orts- oder Stadtchronik, Kirchenchronik, Papier, Stifte, Fotoapparat

Zusammenfassung/Schlusswort

Vielleicht habe ich Sie durch ein ganzes Jahr Ihrer Seniorenarbeit begleiten können, vielleicht haben Sie aber auch nur die eine oder andere Idee aus dem Buch genutzt und aus meinem Vorschlag selbst etwas ganz anderes entwickelt. Über beides freue ich mich. Die Übertragung dessen, was ich Ihnen hier an Impulsen und Ideen aufgeschrieben habe, ist eine entscheidende Komponente in der Seniorenarbeit, weil nur Sie vor Ort die Wünsche und Bedürfnisse, die Fähigkeiten und Vorlieben der Menschen richtig einschätzen können.

Ich möchte Ihnen gerne Mut machen, auf dem Weg mit den Senioren durch das Jahr immer wieder nach den Lebenserfahrungen der alten Menschen zu fragen und sie dazu viel erzählen zu lassen. Fürchten Sie sich nicht davor, dass durch Ihre Fragen auch an traurige Abschnitte des Lebens erinnert wird, aber provozieren Sie solche negativen Erinnerungen besser nicht. Laden Sie darüber hinaus dazu ein, mit Spielen und Rätseln, Sammelaufgaben und Kreativem das Gedächtnis zu trainieren und miteinander Spaß und Freude zu erleben und zu teilen.

Sehr gerne höre ich davon, wie es Ihnen vor Ort mit den Vorschlägen und Impulsen ergangen ist. Schreiben Sie mir eine Mail an: ritakusch@web.de

Wenn ein größerer Kreis von Mitarbeitenden Interesse an einer Präsentation des im Buch beschriebenen Materials hat und mich gerne kennenlernen möchte, komme ich auch zu einer Fortbildung zu Ihnen. Richten Sie die Anfragen bitte an die oben angegebene Mail-Adresse.